totem 1
大家的法语

编　著　[法] Corina Brillant
[法] Lucas Malcor
[法] Marie-José Lopes
[法] Jean-Thierry Le Bougnec

练　习　册 A1

外语教学与研究出版社
北京

京权图字：01-2021-6374

图书在版编目（CIP）数据

totem 大家的法语 1 练习册. A1 /（法）科琳娜·布里扬等编著. -- 北京 ：外语教学与研究出版社，2023.12

ISBN 978-7-5213-5009-8

Ⅰ. ①t… Ⅱ. ①科… Ⅲ. ①法语－习题集 Ⅳ. ①H329.6

中国国家版本馆 CIP 数据核字（2023）第 255650 号

地图审图号：GS 京（2023）0339 号

出 版 人　王　芳
责任编辑　张　璐
责任校对　朱　雯
装帧设计　锋尚设计
出版发行　外语教学与研究出版社
社　　址　北京市西三环北路 19 号（100089）
网　　址　https://www.fltrp.com
印　　刷　天津市银博印刷集团有限公司
开　　本　889×1194　1/16
印　　张　7.5
版　　次　2024 年 1 月第 1 版　2024 年 1 月第 1 次印刷
书　　号　ISBN 978-7-5213-5009-8
定　　价　45.00 元

如有图书采购需求，图书内容或印刷装订等问题，侵权、盗版书籍等线索，请拨打以下电话或关注官方服务号：
客服电话：400 898 7008
官方服务号：微信搜索并关注公众号“外研社官方服务号”
外研社购书网址：https://fltrp.tmall.com

物料号：350090001

目　录

La classe 课堂

1 Écoutez et écrivez les mots sous les dessins. 听录音，在图片下方写出单词。 01

Exemple : un cahier

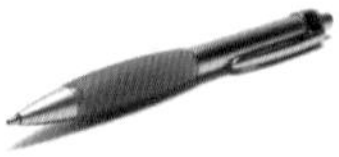

a ....

b ....

c ....

d ....

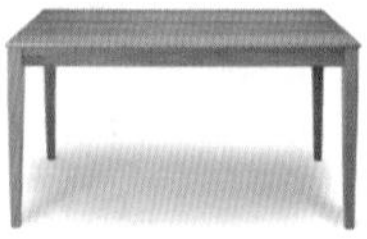

e ....

2 Associez. 连线。

a Lire
b Écrire
c Parler
d Écouter
e Regarder

1 

2 

3 

4 

Les nombres 数字

3 Formez des nombres avec les mots et écrivez en chiffres et en lettres. 用给出的词组成新数字，写出对应的数字形式。

quatre – trois – soixante – vingt – dix – huit – onze – et – un

Exemple : 78 : soixante-dix-huit

a ....
b ....
c ....
d ....
e ....
f ....

Les mots...

Pour apprendre 学习用语

Comment on dit... en français ?
Qu'est-ce que ça veut dire... ?
Comment ça s'écrit ?
Je ne comprends pas.

4 Comptez et écrivez en chiffres et en lettres. 数点数，写出数字和单词。

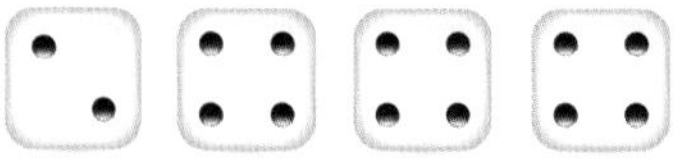

a ....

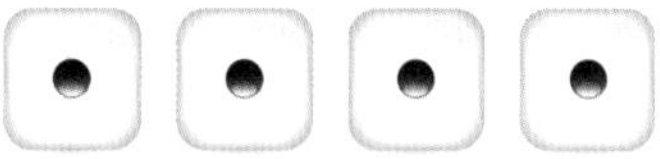

b ....

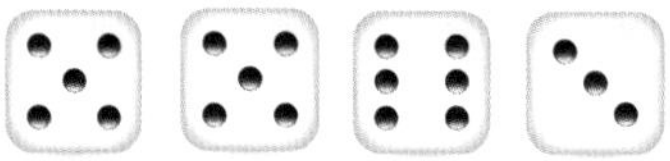

c ....

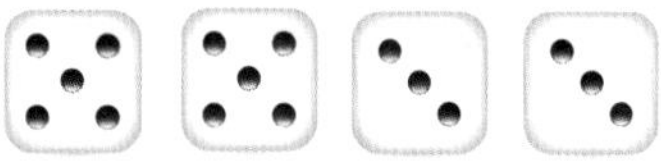

d ....

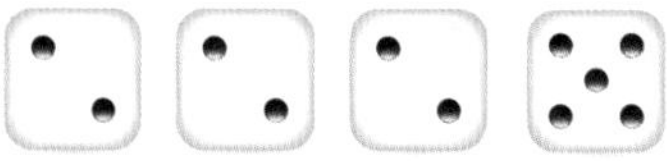

e ....

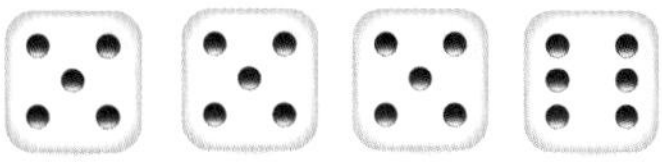

f ....

Les mois 月份

5 Complétez le calendrier des fêtes nationales avec les noms des mois. 写出下列国家的国庆节所在的月份。

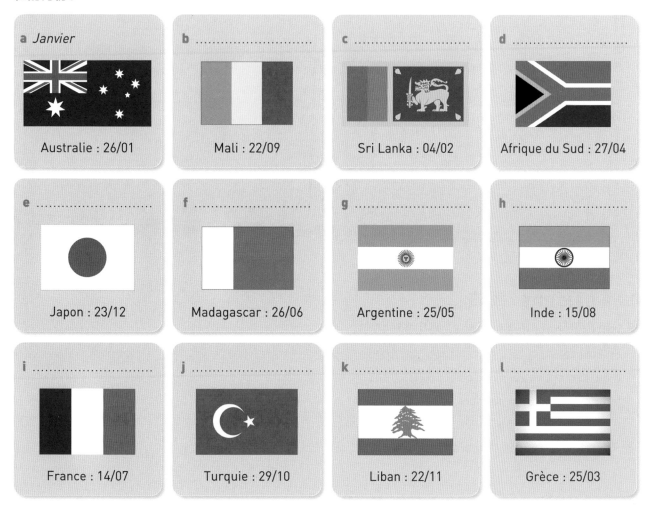

a *Janvier*

Australie : 26/01

b ....

Mali : 22/09

c ....

Sri Lanka : 04/02

d ....

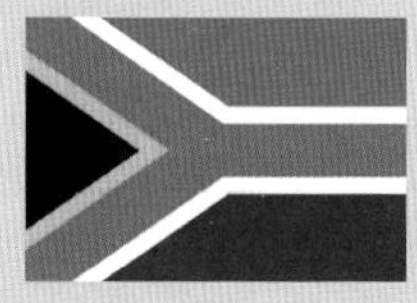

Afrique du Sud : 27/04

e ....

Japon : 23/12

f ....

Madagascar : 26/06

g ....

Argentine : 25/05

h ....

Inde : 15/08

i ....

France : 14/07

j ....

Turquie : 29/10

k ....

Liban : 22/11

l ....

Grèce : 25/03

Les jours de la semaine 一周七天

6 Retrouvez les jours de la semaine. 找出一周七天的名称。

Exemple : ulnid : lundi

a eiujd : ....
c edancihm : ....
e rneddeiv : ....

b mdria : ....
d ircemrde : ....
f dasemi : ....

7 Écrivez les jours de la semaine sur l'agenda. Entourez les jours du week-end. 在记事本上写出一周七天的名称，将周末两天圈出来。

Les saisons 季节

8 Notez le nom des saisons. 写出季节名称。

En France :

a du 20 mars au 20 juin, c'est ....

b du 21 juin au 21 septembre, c'est ....

c du 22 septembre au 20 décembre, c'est ....

d du 21 décembre au 19 mars, c'est ....

9 **Écrivez la saison qui correspond à chaque photo.** 写出下列照片对应的季节名称。

a ……………………………………………

b ……………………………………………

c ……………………………………………

d ……………………………………………

La francophonie 法语国家与地区

10 **Barrez l'intrus.** 找出不同者。

a Belgique – Sénégal – Chine

b Victor Hugo – J.K. Rowling – Aimé Césaire

c Céline Dion – Youssou N'Dour – Mickael Jackson

11 **Complétez avec *chaîne de télévision*, *continents*, *pays*, *écrivains*, *francophones*.** 用给出的词填空。

a Le français est parlé sur les 5 …………………………………… .

b TV5 est une …………………………………… francophone diffusée dans plus de 200 …………………………………… .

c Aimé Césaire et Amélie Nothomb sont des …………………………………… francophones.

d Il y a 200 millions de …………………………………… dans le monde.

Bonjour !

Leçon 1

Comprendre 理解

Les salutations 问候

1 **Écoutez et associez les photos et les dialogues. 听录音，将对话与图片连起来。** 02

dialogue a → 1

dialogue ....

dialogue ....

dialogue ....

Les présentations 介绍

2 **Salutation ou présentation ? Choisissez la bonne réponse. 问候还是介绍？选择正确答案。**

	Présentation	Salutation
a Moi, c'est Karima.	☒	☐
b Salut Vincent !	☐	☐
c Il s'appelle Ludovic.	☐	☐
d Moi, je m'appelle Pedro.	☐	☐
e Bonjour Claire.	☐	☐
f Elle s'appelle Catherine.	☐	☐

Pour...

→ Demander/Dire le prénom et le nom 询问 / 说出姓名

Comment tu t'appelles ?
Comment vous vous appelez ?

Je m'appelle + prénom + nom
Je m'appelle Laurent Bonomi.
Moi, je m'appelle + prénom
Moi, je m'appelle Juliette.
Moi, c'est + prénom
Moi, c'est Hugo.

Les mots...

Des salutations 问候

bonjour ☼
bonsoir ☽
salut
coucou
bonjour à tous
enchanté(e)

3 **Mettez les mots dans l'ordre pour former des phrases. 将词语排序组句。**

appelez – Vous – Robert – vous → Vous vous appelez Robert.

a Adrien – appelle – m' – Je ....

b est – Moi – Anna – c' ....

c s' – Philippe – appelle – Il ....

d nous – Kamel – appelons – Antoine – Nous – et ....

e appelle – je – Moi – Claire – m' ....

f Elle – Stéphanie – appelle – s' ....

Vocabulaire 词汇

Les mots des salutations 问候用语

4 **Associez. 连线。**

a  ☐

b  ☐

☐ Salut !

☐ Bonjour !

☐ Bonsoir !

☐ Coucou !

Les mots des présentations 介绍用语

5 **Lisez les présentations et cochez les bonnes réponses. 读下面的人物话语，选择正确答案。**

	Présentation correcte	Présentation incorrecte
a 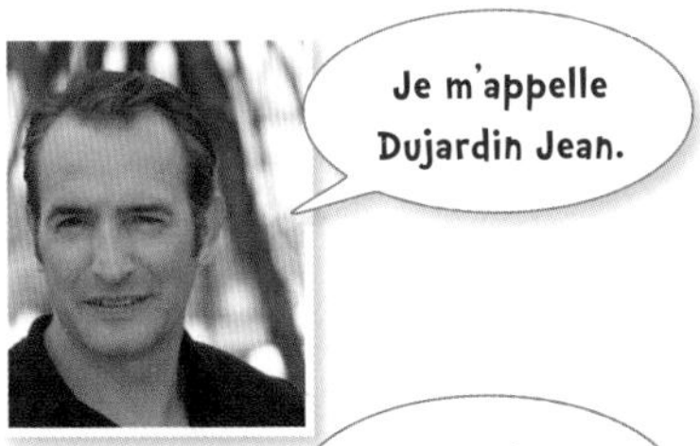	☐	☐
b 	☐	☐
c 	☐	☐

Grammaire 语法

Le verbe *s'appeler* au présent 动词 s'appeler 的直陈式现在时

6 Complétez avec le verbe *s'appeler* au présent. 用动词 s'appeler 的直陈式现在时形式填空。

a – Bonjour, je .... Lucie.

– Moi, je .... Louis.

– Enchantée.

b – Vous .... Pierre ?

– Non, ... Peter.

c – Comment ils .... ?

– Elle .... Andrea et il .... Antonio.

d – Elles .... Carole et Amélie ?

– Non, elles .... Caroline et Émilie.

e – Nous .... Antoine et Jérémie.

– Moi, je .... Robert.

f – Comment tu .... ?

– Je .... Flore.

7 Associez. 连线。

a je m' ☐

b tu t' ☐   ☐ **1** [apεl]

c il/elle s' ☐   ☐ **2** [aplɔ̃]

d nous nous ☐   ☐ **3** [aple]

e vous vous ☐

f ils/elles s' ☐

L'article défini 定冠词

8 Complétez avec *le*, *la*, *l'* ou *les*. 用定冠词填空。

a .... prénom   **e** .... classe   **i** .... livre

b .... tablette   **f** .... nombres   **j** .... fête

c .... affiche   **g** .... ordinateur **k** .... tableau

d .... saisons   **h** .... chaise   **l** .... jours

Grammaire

Les pronoms personnels sujets et *s'appeler* au présent
主语人称代词和动词 s'appeler 的直陈式现在时

je (j')	m'appelle	[jəmapεl]
tu	t'appelles	[tytapεl]
il/elle	s'appelle	[ilsapεl] [εlsapεl]
ils/elles	s'appellent	
nous	nous appelons	[nunuzaplɔ̃]
vous	vous appelez	[vuvuzaple]

Le pronom tonique *moi* [mwa] 重读人称代词 moi
Moi, je m'appelle Juliette.

L'article défini 定冠词

le – l'	la – l'	les
le vélo	la copie	les copies
l'ordinateur		les vélos
		les ordinateurs

Communiquer 交际

Pour demander/dire le prénom et le nom 询问 / 说出姓名

9 Écrivez un message à une personne de la classe : vous saluez et vous dites comment vous vous appelez. 给班上的同学写留言：问候对方，告诉对方你的姓名。

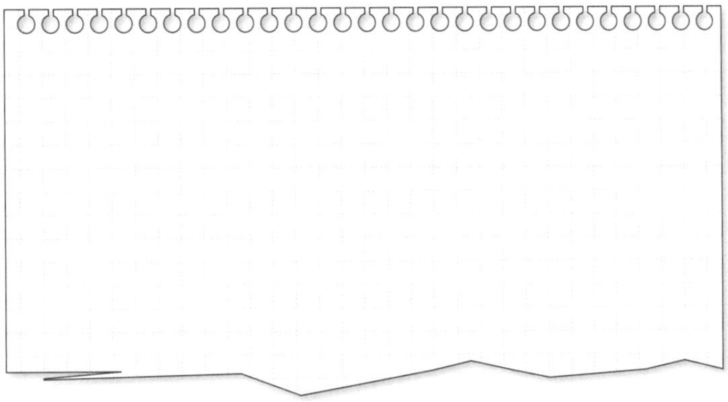

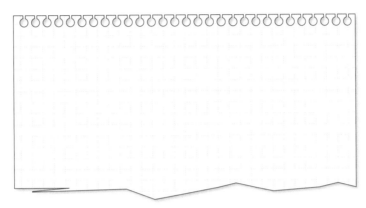

10 Échangez vos messages (activité 9) et présentez la personne à la classe. 互相交换练习 9 的留言，在班上介绍留言者。

11 Dessinez (ou photographiez) la classe et présentez les personnes. 画出或拍摄班级合影，介绍班级同学。

12 Présentez les amis de Quentin Truaud. 介绍 Quentin Truaud 的好友。

Elle s'appelle Marion Dufour.

Phonétique 语音

Le rythme 节奏

13 Écoutez et répétez. Les syllabes sont régulières. 听录音并跟读。这些音节是有规律的。 03

a sept
b dix-sept
c cent dix-sept
d six cent dix-sept
e mille six cent dix-sept
f six mille six cent dix-sept

Leçon 2

Comprendre 理解

Sons et lettres 发音和字母

1 Écoutez et entourez les lettres que vous entendez. 听录音，圈出听到的字母。 04

U V Z F A W X O I B 1 J E G T R K Y	B U R G A Y O I V T 2 E J N Z C Q H	A I M L O S T I B F 3 G V J E P Y U
M. Pierre	Mme Plot	Célestin

2 Associez les personnes (de l'activité 1) et les notes. 将上面练习活动中的人物与对应的分数连起来。

a M. Pierre ▢ ▢ **1** 10/10
b Mme Plot ▢ ▢ **2** 8/10
c Célestin ▢ ▢ **3** 4/10

3 Écoutez. Pour chaque étudiant, cochez la bonne salle. 听录音。选出每个学生所在的教室号。 05

Nom de famille	Salle 1	Salle 2	Salle 3
Goutet			
Gulon			
Lomet			
Lumète			
Martin			
Moulin			
Nivette			
Thromas			
Toulon			

Pour...

→ Reconnaître des mots français à l'écrit 书写中识别法语单词

votre langue
une autre langue
le dictionnaire

Les mots...

De la vie courante 日常用语

le restaurant
la boulangerie
la pharmacie
le café
l'hôpital
le bar
les amis
le rendez-vous

Les mots...

De la ponctuation 标点符号

« , » la virgule
« . » le point
« ? » le point d'interrogation
« ! » le point d'exclamation

Vocabulaire 词汇

Les mots de la vie courante 日常用语

4 **Formez 4 autres mots avec les syllabes de la liste. 用下列字母组合组成 4 个单词。**

HÔ BOU PHAR RES CA TAU LAN MA GE RIE CIE PI RANT FÉ TAL

CA + FÉ = café

....

....

L'alphabet 字母

5 **Prononcez les lettres à haute voix et barrez l'intrus. 大声读字母，找出不同者。**

h – a – ~~y~~ – k

a j – i – x – w **b** f – k – m – s **c** b – v – g – q **d** n – d – c – p

6 **Écoutez et entourez les lettres que vous entendez. Puis écrivez des mots avec les lettres entourées. 听录音，圈出听到的字母，组成单词并写下来。** 06

i	f	e
l	d	u
n	o	r

è	o	f
é	i	n
d	a	c

u	a	r
s	e	l
t	à	v

h	g	r
j	u	y
t	e	o

a .... **b** .... **c** .... **d** ....

Les accents 书写符号

7 **Entourez les lettres accentuées qui existent en français. 圈出法语中存在的字母书写形式。**

è ì á ô î û ò é à ó â í ù ú ê

8 **Regardez dans votre livre. Pour chaque lettre accentuée entourée (activité 7), trouvez un mot. 从学生用书里找到包含练习 7 中法语字母的单词。**

é → activités

....

....

Ponctuation et majuscules 标点符号和大写字母

9 **Recopiez et ajoutez la ponctuation et les majuscules. 抄写句子，加上标点符号和大写字母。**

a – bonjour je m'appelle irina ....
– moi je m'appelle pedro ....
– enchantée ....

b – bonjour à tous comment vous vous appelez ....
– je m'appelle juliette ....
– moi c'est rémy ....

c – elle s'appelle fatima ....
– non elle s'appelle farida ....

Grammaire 语法

Les marques du genre et du pluriel à l'écrit 书写中的性数体现

10 **Classez les mots dans le tableau puis complétez avec d'autres mots. 将下列单词填入表中并补充其他同类单词。**

~~cinéma~~ – bus – sortie – aéroport – librairie – pâtisserie – magasin – place – rue

Masculin	Féminin
cinéma	....
....	....
....	....

11 **Placez les 4 mots suivants dans la colonne 1. Puis transformez au pluriel dans la colonne 2. 将下列 4 个单词填入左栏的对应位置中，然后将其复数形式填入右栏。**

chaise – stylo – baguette – ordinateur

1

....

....

....

....

2

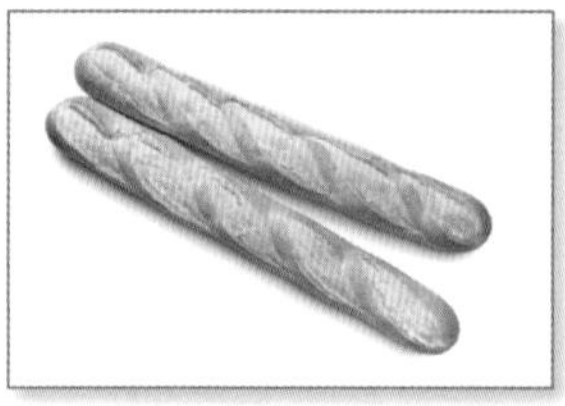
....

....

....

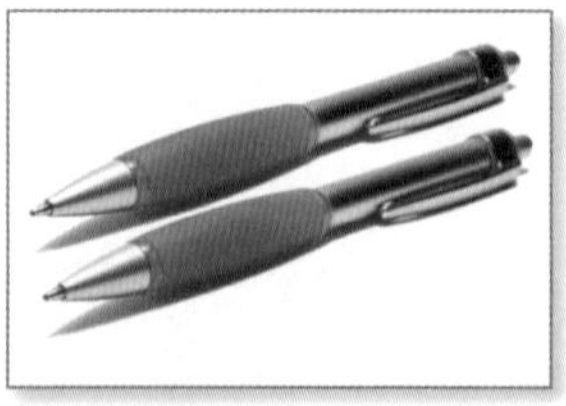
....

Grammaire

Les marques du genre et du pluriel à l'écrit 书写中的性数体现

阴性名词多以字母e结尾。
阴性名词：pâtisserie　pharmacie
阳性名词：bar　restaurant

复数名词多以字母s结尾。
单数名词：l'enfant
复数名词：les enfants

12 Entourez les mots masculins et soulignez les mots féminins dans le tableau de l'activité 11.
将练习 11 中的阳性名词圈出来，在阴性名词下画线。

Communiquer 交际

Pour reconnaître des mots français à l'écrit 书写中识别法语单词

13 Écoutez et écrivez le mot. 听录音，写出单词。 07

hôpital

a ....

b ....

c ....

d ....

e ....

14 Écoutez la prononciation et répétez. 听录音并跟读。 08

a TGV
b SNCF
c RATP
d ONU
e UE
f PDG

Phonétique 语音

Ponctuation 标点符号

15 Écoutez et complétez avec la ponctuation : , / . / ? / ! .
听录音，用 "," "." "?" "!" 补全句子。 09

a Salut ... Tu t'appelles Paul ...

b Non ... Moi ... c'est Laurent ...

Sons et lettres 发音和字母

16 Écoutez et écrivez le nom des villes. Quelle ville n'est pas française ?
听录音，写出城市的名称。哪个城市不是法国的? 10

a ....

b ....

c ....

d ....

e ....

f ....

Leçon 3

Comprendre 理解

La politesse 礼貌用语

1 Écoutez et choisissez les réponses correctes. 听录音，选择正确答案。

a Les personnes sont :

- ☐ dans une pharmacie.
- ☐ dans une boulangerie.
- ☐ dans un café.
- ☐ dans un cinéma.

b Le client demande :

- ☐ un sandwich.
- ☐ un café.
- ☐ une baguette.
- ☐ un stylo.

c Le client dit :

- ☐ Comment allez-vous ?
- ☐ Salut !
- ☐ Bonjour.
- ☐ Bonsoir.

d La vendeuse dit :

- ☐ Au revoir, monsieur.
- ☐ Salut.
- ☐ À bientôt.
- ☐ Coucou !

2 Corrigez les dialogues. 修改对话。

a – ~~Bonne journée~~ *Bonjour* madame.
– Au revoir monsieur. Un café, merci. ....
– Et voilà, un café.
– S'il vous plaît. ....

b – Salut Aline ! Comment allez-vous ? ....
– Ça va.

c – Au revoir Clément.
– Bonjour Pierre. À bientôt. ....

d – Bonjour madame.
– Bonsoir, une baguette s'il vous plaît. ....
– Voilà, 1 euro.
– Ça va. ....

Pour...

→ Reconnaître le singulier et le pluriel à l'oral 在口语中识别名词单复数

一般而言，会听到单数名词前带有冠词un [ɛ̃]或者une [**yn**]。
un exercice un café une baguette
会听到复数名词前带有冠词des [**de**].
des exercices des cafés des baguettes

Les mots...

De la politesse 礼貌用语

s'il vous plaît
merci
ça va / comment allez-vous ?
au revoir – bonne journée

Vocabulaire 词汇

Les mots de la politesse 礼貌用语

3 Écrivez les mots avec *a, e, é, i, î, o, ô, u*. 用 a、e、é、i、î、o、ô、u 把单词补全。

a bnsr ....

b s'l vs plt ....

c .... rvr ....

d à bntt ....

e ç v ....

f bnn jrn ....

4 Que disent les personnes ? Imaginez. 请想象图中的人物在说什么。

N° ....

N° ....

1 ....

....

2 ....

....

N° ....

N° ....

3 ....

....

4 ....

....

5 Écoutez et numérotez chaque image pour vérifier vos réponses.
听录音，从上题中找出对应的图片并检查人物话语是否准确。 12

6 Associez. 连线。

a Pour dire bonjour

b Pour dire au revoir

c Pour demander

d Pour remercier

1 Merci

2 Salut

3 Bonjour

4 Bonne journée

5 À bientôt

6 S'il vous plaît

7 Coucou

Grammaire 语法

L'article indéfini 不定冠词

7 Écoutez l'exemple et continuez. 听录音并跟读。 13

café (masculin) → un café, des cafés

Les marques du genre à l'oral 口语中的阴阳性体现

8 Écoutez et complétez le tableau. 听录音，填表。 14

	a	b	c	d	e	f	g	h
J'entends une consonne finale prononcée	✘							
J'entends une voyelle finale prononcée								

9 Écoutez. Écrivez les mots féminins. 听录音，记下阴性名词。 14

a → des baguettes

....

Communiquer 交际

La politesse 礼仪

10 Observez les dessins. Quel est le problème ? 观察下列图片，说出图中人物有何不妥之处。

....

....

Grammaire

Les marques du genre et du pluriel à l'oral 口语中的性数体现

Le féminin et le masculin 阴阳性

一般而言，阴性名词以辅音结尾
baguette [t]

阳性名词以元音结尾
café [e]

Le singulier et le pluriel 单复数

一般而言，名词单复数词形的发音相同。
café = cafés = [**kafe**]

L'article indéfini 不定冠词

un	une	des
un café	une baguette	des exercices

11 **Pour chaque situation, écrivez le dialogue et jouez la scène.** 就下图的两个场景，写出人物对话并表演。

a ....

....

....

b ....

....

....

12 **Découpez les mots. Ajoutez la ponctuation et les majuscules. Puis jouez la scène.** 分词组句，加上标点符号，必要时字母要大写。然后表演对话场景。

- bonjourmadameunebaguettesilvousplaît
- voilà
- mercibonnejournée
- aurevoirmonsieuràbientôt

- ....
- ....
- ....
- ....

Phonétique 语音

L'accentuation 重音

13 **(À deux). Écoutez et répétez. Criez !** 两人一组，听录音并跟读。请大声朗读！ 15

- Bon**jour** ! Bonjour Mon**sieur** !
- Bon**jour** ! Bonjour Ma**dame** !
- Un ca**fé** ! S'il vous **plaît** !
- Voi**là** ! Deux eu**ros** !
- Mer**ci** !
- Au re**voir** !
- Bonne jour**née** !

Dossier 1

Bilan

1 **C'est le premier jour à l'université. Marek, Clémentine et les autres étudiants se présentent. Jouez la scène. 开学第一天，Marek、Clémentine 和其他学生互相介绍自己。表演对话场景。**

Adrien

Julia

Clémentine

Marek

Piotr

2 **Écoutez le dialogue et dites qui fait quoi. 听对话录音，说出谁做什么。** 16

	Saluer	Dire le prénom	Dire le nom	Épeler
Le professeur				
Les étudiants				

3 **Écoutez le dialogue et complétez la liste des étudiants. 听对话录音，填空。** 16

Liste des étudiants

Classe : Master Pro — Salle : F204

Professeur : M. Mantin

Clémentine Ar[redacted]

Marek Rez[redacted]

Piotr Fa[redacted]

Julia D[redacted]

Adrien [redacted]

4 **Dictée ! Écoutez et écrivez. Puis complétez avec *un* ou *une*.**
听写！听录音，写出单词，并补充不定冠词 un 或者 une。

17

a ....
b ....
c ....
d ....
e ....
f ....
g ....

5 **Marek est à la cafétéria. Remettez les mots du dialogue dans l'ordre. Marek 在餐吧。将下列各项内的词重新排序组成句子。**

a revoir – au

Au revoir.

b plaît – un – s'il – bonjour – vous – sandwich

....

c merci – journée – bonne – et

....

d euros – plaît – s'il – 4 – vous

....

6 **Remettez le dialogue de l'activité 5 dans l'ordre. 将上面练习中的句子重新排序组成对话。**

1	2	3	4
....	....	....	....

7 **Regardez les dessins et écrivez deux dialogues avec les mots. 看图，用给出的词写两个对话。**

ça – bonjour – salut – coucou – M. Mantin – bonjour – allez – Marek – comment – Clémentine – vous – bien – merci – Marek – ça va – va

a – ....
– ....
– ....

b – ....
– ....
– ....

8 **Observez le dessin a (activité 7) et faites la liste des objets. 观察上面的图片 a，列出图中出现的物品。**

....
....

Leçon 5

Comprendre 理解

La présentation 介绍

1 **Didier décrit sa famille. Écoutez et cochez la photo correcte.**
Didier介绍他的家庭。听录音，选出对应的照片。 18

1

2

3

2 **Ils présentent leur famille. Découpez le texte et ajoutez la ponctuation, les accents et les majuscules. 他们介绍自己的家庭。分词组句，增补标点符号、书写符号，必要时将字母大写。**

a marcestprofesseurdefrançaisaparisilestmarieavecmarieilsontdeuxfillesellessappellentgabrielleetsimona gabrielleasixansetsasœurahuitans

....

....

b ellecestlafemmedantoineellesappelleedwigeetelleestarchitecteilsontdeuxenfantsmartineetgabriel

....

....

c jemappellelouetjaiunfrereilsappellecharlieetilaquatreans

....

....

d jesuisjournalisteetjesuismariéeavecfrédericluiilestingénieurnousavonsdeuxfilsetunefille

....

....

Pour...

→ Se présenter 自我介绍

j'ai + 年龄
J'ai 20 ans.
je suis + 婚姻状况
Je suis mariée avec Simon.
je suis + 职业
Je suis architecte.

Les mots...

De la famille 家庭

marié(e) (avec) ≠ célibataire
la femme (de) / le mari (de)
le père / la mère
les enfants : le fils, la fille
le frère / la sœur

Des professions 职业

un/une architecte
un/une professeur(e)
un/une ingénieur(e)
un/une étudiant(e)
un/une journaliste
un/une secrétaire
un/une photographe
un/une médecin

Vocabulaire 词汇

Les mots de la famille 家庭相关词汇

3 Regardez les photos et complétez avec les mots de la liste. 观察图片，用给出的词填空。

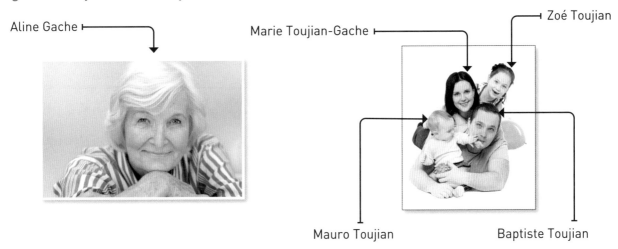

~~la sœur~~ – le frère – les enfants – le fils – la mère – la fille – le père – le mari – la femme

Zoé est la sœur de Mauro.

a Baptiste est .... de Marie.

b Aline est .... de Marie.

c Zoé et Mauro sont .... de Baptiste et Marie.

d Mauro est .... de Zoé.

e Baptiste est .... de Zoé et Mauro.

f Marie est .... d'Aline.

g Mauro est .... de Marie et Baptiste.

h Marie est .... de Baptiste.

Les mots des professions 职业名称

4 Retrouvez les noms des professions. 连线，找出职业名词。

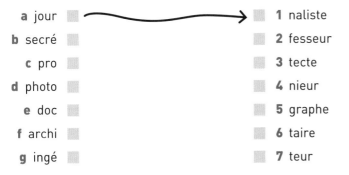

a jour →	**1** naliste
b secré	**2** fesseur
c pro	**3** tecte
d photo	**4** nieur
e doc	**5** graphe
f archi	**6** taire
g ingé	**7** teur

Grammaire 语法

Être et *avoir* au présent être 和 avoir 的直陈式现在时

5 Complétez le tableau. 填写表格。

Être		Avoir	
je *suis* tu .... il/elle	nous .... vous .... ils/elles	j'*ai* tu .... il/elle	nous .... vous .... ils/elles ....

6 Complétez avec *être* ou *avoir* au présent. 用 être 和 avoir 的直陈式现在时形式填空。

a Aziz et Natasha .... mariés. Ils .... deux enfants : Meriem et Nicolas. Meriem .... 8 ans et Nicolas .... 4 ans.

b Laure .... célibataire. Elle .... professeur de français. Elle .... un frère.

c Nadia .... la sœur de Victor. Elle .... étudiante en mathématiques.

d Antoine .... le mari de Laurence. Il .... 42 ans et il .... architecte. Ils .... trois enfants.

Les pronoms toniques 重读人称代词

7 Complétez avec un pronom tonique. 用重读人称代词填空。

a – *Moi*, je m'appelle Tony et .... ?
– Elle s'appelle Ludivine.

b – ...., c'est le frère de Rose ?
– Oui et ...., c'est la sœur de Paul.

c – ...., ils sont célibataires ?
– Non, ils sont mariés. ...., elles sont célibataires.

d – ...., vous êtes les Dupré ?
– Non, ..., nous sommes les André.

e – J'ai 14 ans et .... ?
– ...., j'ai 12 ans.

Grammaire

	être		**avoir**
je	**suis**	j'	**ai**
tu	**es**	tu	**as**
il/elle	**est**	il/elle	**a**
nous	**sommes**	nous	**avons**
vous	**êtes**	vous	**avez**
ils/elles	**sont**	ils/elles	**ont**

Les pronoms toniques
重读人称代词

moi	**toi**	**lui/elle**
nous	**vous**	**eux/elles**

Juliette ? C'est elle.
Les Le Tallec ? Ce sont eux.
Je m'appelle Hugo, et toi ?

Communiquer 交际

Pour se présenter 自我介绍

8 **Présentez la famille de Stéphane. 介绍 Stéphane 一家。**

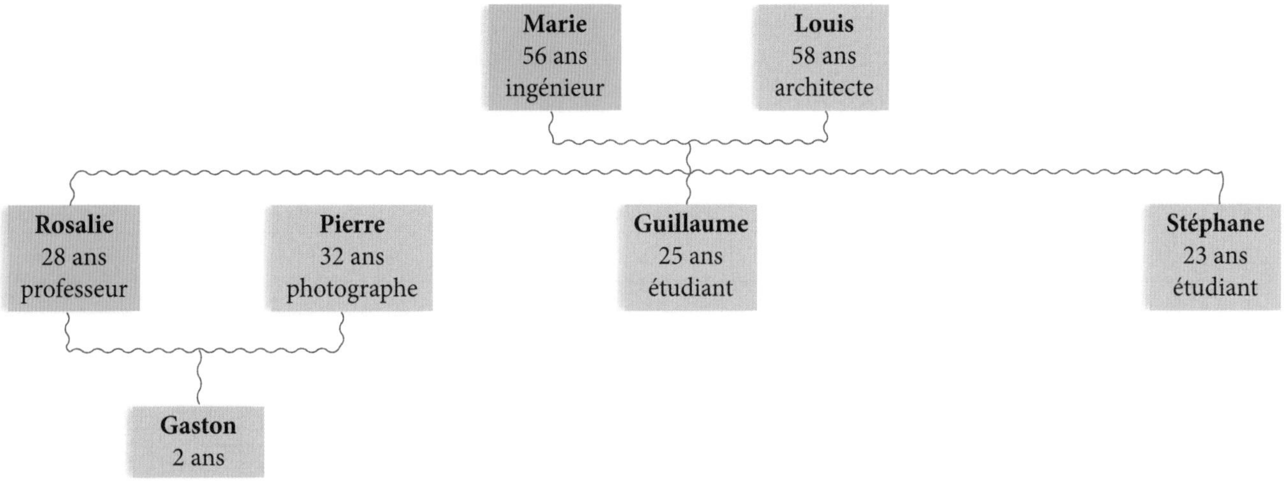

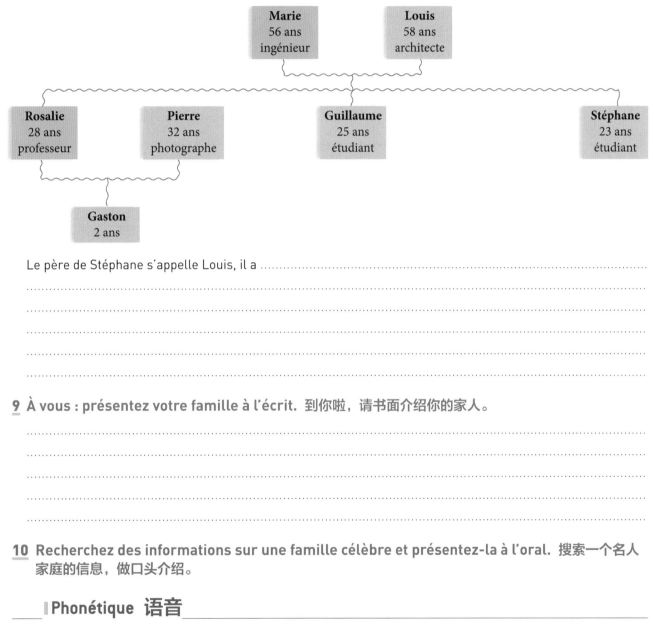

Le père de Stéphane s'appelle Louis, il a ……………………………………

9 **À vous : présentez votre famille à l'écrit. 到你啦，请书面介绍你的家人。**

10 **Recherchez des informations sur une famille célèbre et présentez-la à l'oral. 搜索一个名人家庭的信息，做口头介绍。**

Phonétique 语音

11 **Écoutez et répétez les prénoms. 听录音，跟读人名。** 19

a Marie, Christine, Jean et Paul.

b Marie-Christine, Jean et Paul.

c Marie, Christine et Jean-Paul.

d Marie-Christine et Jean-Paul.

Leçon 6

Comprendre 理解

La présentation 介绍

1 Écoutez et cochez les informations données par les personnes.
听录音，将听到的人物信息项勾选出来。 20

	Prénom	Nationalité	Lieu d'origine	Lieu d'habitation	Langues parlées	Date de naissance
a	✗	✗		✗		
b						
c						
d						
e						
f						

2 Associez pour présenter Sandra. 连线，介绍 Sandra。

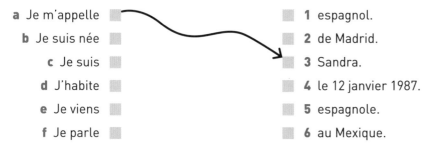

a Je m'appelle	1 espagnol.
b Je suis née	2 de Madrid.
c Je suis	3 Sandra.
d J'habite	4 le 12 janvier 1987.
e Je viens	5 espagnole.
f Je parle	6 au Mexique.

3 Lisez le profil et corrigez le message. 读个人情况介绍，修正留言信息。

Modifier

Paola Ancona

Date de naissance : 2 novembre 1989
Situation amoureuse : Célibataire
Profession : Journaliste

Langues parlées : Italien, français, anglais
Habite à : Paris
Vient de : Rome

@ Je suis née le 2 septembre 1989 à Paris. Je suis mariée. Je suis journaliste et j'habite à Rome. Je parle deux langues.

....

Pour...

→ Se présenter 自我介绍

La date 出生日期
le + 数字 + 月份 + 年份
Je suis né le 9 juillet 1961.

Les langues parlées 所说语言
je parle + 语言
Je parle anglais.

Le lieu d'origine 籍贯
je viens de / d' + 城市名
Je viens de Berlin.

Le lieu d'habitation 居住地
j'habite + à + 城市名
J'habite à Paris.

Les mots...

Des nationalités 国籍

mexicain(e)
français(e)
espagnol(e)
brésilien(ne)
italien(ne)
allemand(e)
chinois(e)
japonais(e)
philippin(e)
polonais(e)
américain(e)
suisse
belge
coréen(ne)

Vocabulaire 词汇

Les mots des nationalités 国籍

4 Écrivez la nationalité des personnes.
写出人物的国籍。

Il est américain.

a ....

b ....

c ....
....

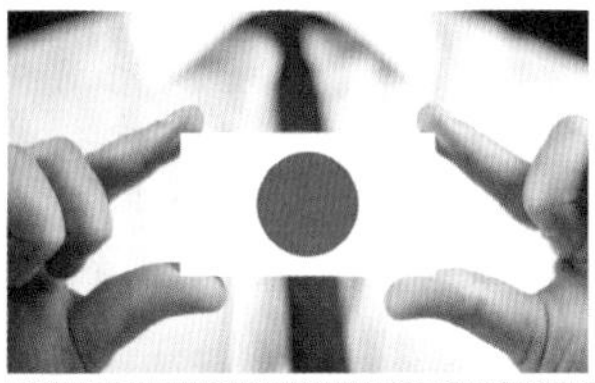

d ....

e ....
....

5 Complétez avec les nationalités (au masculin ou au féminin). 用国籍形容词的阳性或阴性形式填空。

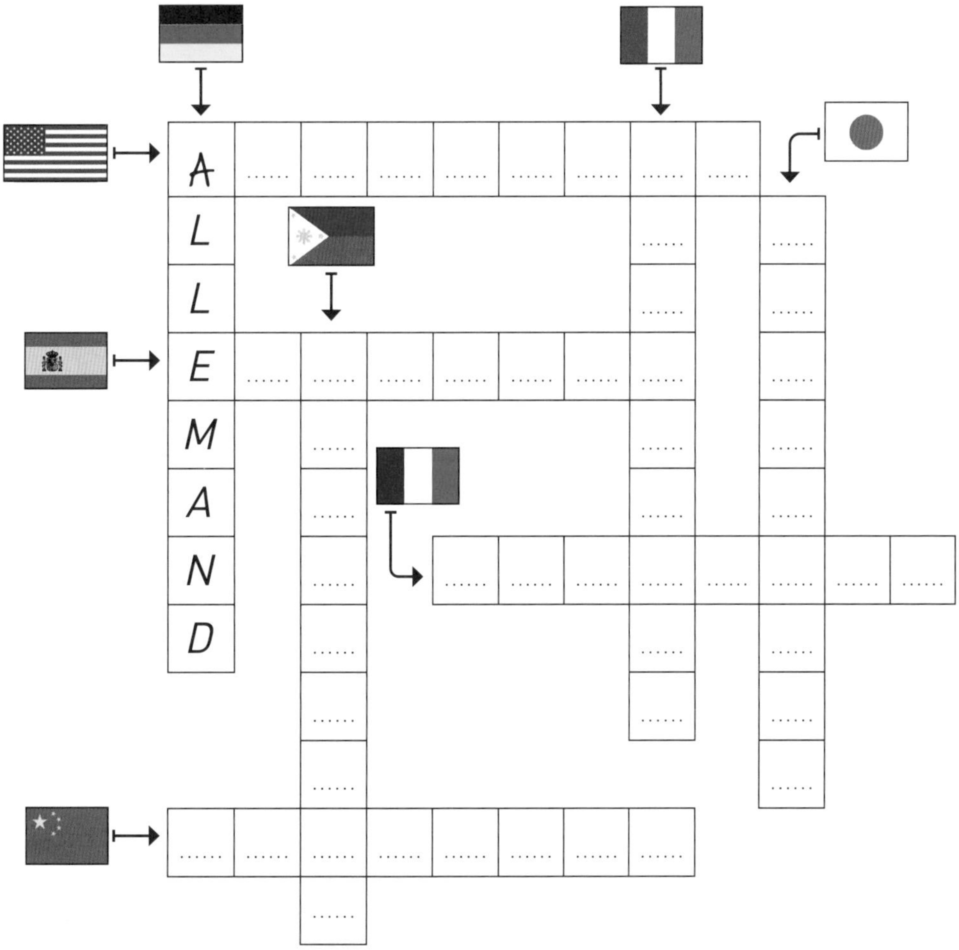

Grammaire 语法

Prépositions + noms de pays et de villes 介词 + 国家 / 城市名词

6 **Classez les pays dans le tableau et ajoutez *le*, *la*, *l'* ou *les*.** 将下列国家名词填入表格并增补对应的定冠词。

Italie | États-Unis | France | Irak | Japon | Espagne | Philippines | Mexique | Allemagne | Brésil | Chine | Iran

Pays féminins	Pays masculins	Pays pluriels
l'Italie	....	....
....	....	....
....	....	....
....	....	....

7 **Complétez avec *de/d'* ou *à*.** 用 de/d'或 à 填空。

a Il s'appelle Slava, il est russe et il vient .... Moscou.

b Olivier a 38 ans. Il vient .... Angers.

c Claudio est espagnol, il habite .... Séville.

d Kate vient .... Londres. Elle est étudiante.

e Peter habite .... Berlin. Il est allemand.

f Elle s'appelle Lin Feng ; elle vient .... Shanghai.

8 **Associez.** 连线。

Il/Elle habite
- en
- au
- aux

- Philippines.
- Brésil.
- Italie.
- Japon.
- France.
- États-Unis.
- Allemagne.
- Mexique.
- Iran.

Les verbes en *-er* au présent 第一组动词的直陈式现在时

9 **Complétez avec la terminaison correcte.** 用正确的变位词尾填空。

a – Tu parl.......... anglais ?
– Non, je parl.......... allemand.

b – Comment vous vous appel.......... ?
– Je m'appell.......... Charlotte.

c – Vous habit.......... où ?
– Nous habit.......... au Maroc.

d – Tonio parl.......... chinois !
– Oui, il parl.......... chinois et japonais.

Grammaire

Les prépositions + noms de pays et de villes
介词 + 国家 / 城市名词

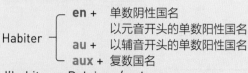

Habiter
- **en** + 单数阴性国名
  以元音开头的单数阳性国名
- **au** + 以辅音开头的单数阳性国名
- **aux** + 复数国名

J'habite **en** Belgique/**en** Iran.
J'habite **au** Canada.
J'habite **aux** États-Unis.

Les verbes en *-er* au présent 第一组动词的直陈式现在时

第一组动词以er结尾，其动词变位是规则的。直陈式现在时变位是将词尾er变为e、es、e、ons、ez或ent。

parler

je	parle	[parl]
tu	parles	[parl]
il/elle	parle	[parl]
ils/elles	parlent	[parl]
nous	parlons	[parlɔ̃]
vous	parlez	[parle]

Communiquer 交际

Pour se présenter 自我介绍

10 Imaginez : vous êtes une de ces personnes. Présentez-vous. 假设你是下图中的人物，请介绍自己。

	a 	b 	c 
Nom	Boissier	Aruzza	Cavalli
Prénom	Jean-Marc	Pedro et Irma	Valeria
Date de naissance	19/06/72	Irma : 04/06/75 – Pedro : 18/12/63	30/03/85
Nationalité	française	mexicaine	italienne
Profession	journaliste	acteurs	ingénieure
Lieu d'habitation	France	Mexique	États-Unis
Langue(s) parlée(s)	français et anglais	espagnol	italien et anglais

a Je m'appelle Jean-Marc Boissier……………………………………………………

……………………………………………………………………………

b ……………………………………………………………………………

……………………………………………………………………………

c ……………………………………………………………………………

……………………………………………………………………………

11 Complétez la fiche d'un(e) autre étudiant(e) de la classe et présentez-le/la. 填写一名同学的资料卡，然后介绍他 / 她。

Nom	……………………	**Profession**	……………………
Prénom	……………………	**Lieu d'origine**	……………………
Date de naissance	……………………	**Lieu d'habitation**	……………………
Nationalité	……………………	**Langue(s) parlée(s)**	……………………

Phonétique 语音

Le rythme 节奏

12 Écoutez et répétez. Criez ! 听录音并跟读，大声读出来！ 21

da da daaa　　da da daaa　　da da daaa da daaa da da daaa da daaa

Étudiants !　　Professeurs !　　Nous parlons français ! Nous parlons français !

Leçon 7

Comprendre 理解

L'identité et les coordonnées 身份和联系方式

1 Écoutez la conversation et corrigez la fiche.
听对话录音，纠正右侧卡片中的错误信息。 22

Nom : Nalet
Prénom : Louis
Âge : 14 ans
Profession : chercheur
Fixe : 01 45 67 75 89
Portable : 06 25 68 17 75
Email : louisnal@gmail.com

2 Lisez les fiches et complétez le tableau. 读下列卡片，填写右表。

Fiche 1
Serge (de Lyon)
Profession : pas de profession
Situation de famille : marié
Téléphone : 04 67 45 76 89

Fiche 2
Pietro (de Paris)
Profession : photographe
Situation de famille : célibataire
Téléphone : 06 45 13 76 81

Fiche 3
Luc (de Nantes)
Profession : secrétaire
Situation de famille : marié, un fils
Téléphone : 02 12 14 40 21

		Serge	Pietro	Luc
a	Il a un enfant.			✗
b	Il habite en France.			
c	Il travaille.			
d	Il a une femme.			
e	Il a un portable.			

3 Observez les documents et complétez la carte. 读下列信息卡，在下页地图的对应位置填上区号。

PARIS
M. Benhamias, 11 rue d'Avron 01 67 46 34 57
Mme Beniro, 43 rue des Orteaux 01 34 56 12 10
M. Benistin, 77 rue du Volga 01 13 24 18 90

BORDEAUX
M. De Michelis, 3 place De Gaulle 05 21 45 76 90
M. Denin, 43 impasse de l'Océan 06 10 56 34 21
Mme Denisot, 421 avenue des Martyrs ... 05 01 90 89 76

MARSEILLE
M. Tarinet, 26 avenue Pasteur 04 14 15 16 75
Mme Tarinetti, 42 rue Grande 04 22 10 02 04
Mme Tariq-Abdul, 11 place Voltaire 04 61 36 24 58

NANTES
Mme Arthaud, 11 rue Boisse 02 56 71 89 24
M. Artignac, 35 rue des Fossés 02 45 16 87 91
M. Artigust, 72 rue Sainte-Croix.............. 02 67 84 56 12

STRASBOURG
Mme Lite, 3 rue Mazarin 03 45 78 98 01
M. Liteu, 12 bis rue de Provence 06 24 87 91 67
M. Lithine, 60 boulevard Galliéni 03 10 45 72 87

Pour...

→ Poser des questions sur l'identité et les coordonnées 询问身份和联系方式

Votre nom ?
Vous avez quel âge ?
Votre âge ?
Qu'est-ce que vous faites dans la vie ?
Vous travaillez ?

Les mots...

Du contact 联系

appeler = téléphoner
contacter
un rendez-vous

Du téléphone 电话用语

allô
ne quittez pas !
j'appelle pour...

Des coordonnées 联系方式

un numéro de téléphone
un fixe
un portable
un mail = un email
@ = arobase

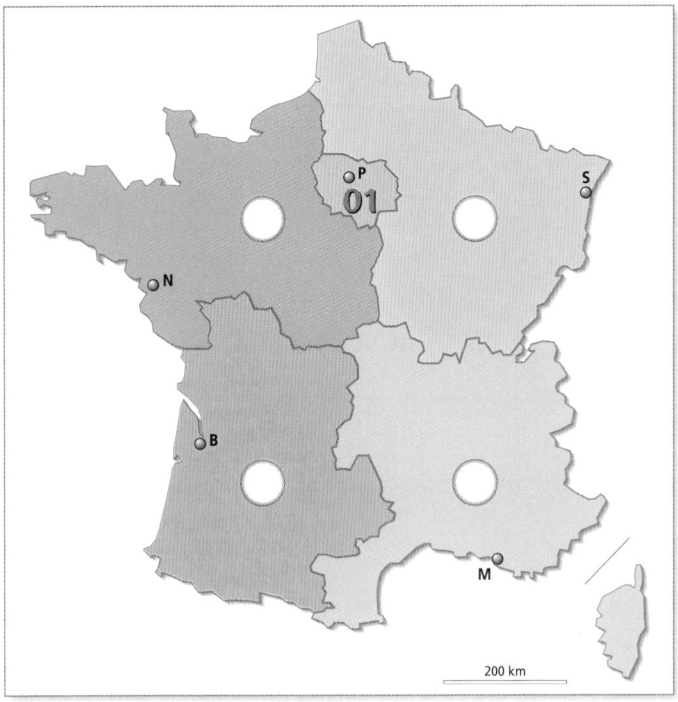

4 **Relisez les documents de l'activité 3 et entourez la bonne réponse. 再次阅读练习 3 的信息卡，圈出正确答案。**

M. Denin et Liteu ont *un téléphone portable / un téléphone fixe*.

Vocabulaire 词汇

Les mots du contact 电话用语

5 **Complétez les dialogues avec le verbe correct au présent. 用下列动词的直陈式现在时形式把对话补充完整。**

travailler – appeler – être – s'appeler – quitter – avoir – faire

a – Allô, M. Hénin ?

– Non, moi, c'est M. Ling. Ne .... pas.

b – Allô, j'............................... pour l'annonce.

– Votre nom, s'il vous plaît ?

– Je .... Léon Botero.

c – Qu'est-ce que vous .... dans la vie ?

– Je .... dans une école.

Je .... professeur.

d – Baptiste, tu .... quel âge ?

– 7 ans.

Les mots des coordonnées 联系方式

6 **Associez. 连线。**

une adresse email

un fixe

un portable

une arobase

valeriap@gmail.com

a

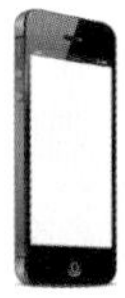

b

c

d

Grammaire 语法

L'adjectif possessif au singulier 单数主有形容词

7 Entourez le mot correct. 圈出正确的词形。

– Étienne, c'est ta / (ton) prénom ?
– Non, c'est ma / (mon) nom de famille.

a – Marseille, c'est votre ville ? – Oui, c'est *ma / mon* ville !

b – Voici *ma / mon* email et *ma / mon* numéro de fixe. – Merci, je te contacte demain.

c – *Ta / Votre* âge s'il vous plaît ? – J'ai 45 ans.

d – C'est *sa / son* femme ? – Oui, elle s'appelle Claire.

e – Tu as *ma / mon* numéro de téléphone ? – Non, mais j'ai *ta / ton* adresse.

8 Écrivez les réponses. 写出答句。

– Le portable, il est à toi ? → Oui, c'est mon portable.

a – Le numéro, il est à elle ? – Oui, ...

b – Le cahier, il est à vous ? – Oui, ...

c – La chaise, elle est à vous ? – Oui, ...

d – Le téléphone, il est à moi ? – Oui, ...

e – La photo, elle est à lui ? – Oui, ...

9 Écoutez l'exemple et continuez. 听录音，仿照示例接句。 23

Un portable / À moi ou à toi ? → C'est mon portable ou c'est ton portable ?

Communiquer 交际

Poser des questions sur l'identité et les coordonnées 询问身份和联系方式

10 Retrouvez les questions. 找出问句。

a – .... ? – Je m'appelle Louis Malard.

b – .... ? – Mon prénom, ça s'écrit L.O.U.I.S.

c – .... ? – Je suis professeur dans une école.

d – .... ? – Oui, c'est louism75@gmail.com.

e – .... ? – C'est le 06 75 81 45 23.

Grammaire

L'adjectif possessif au singulier 单数主有形容词

mon fixe	**ma** femme
ton portable	**ta** femme
son numéro	**sa** femme
votre nom	**votre** adresse

! 以元音开头的单数阴性名词前使用mon、ton、son。
mon adresse

***Appeler* ou *s'appeler* ?**

appeler 还是 s'appeler ?

! appeler ≠ s'appeler
j'appelle ≠ je m'appelle

11 **Lisez le mail d'Antoine, puis complétez la réponse de Lise avec les mots de la liste et des adjectifs possessifs. 读 Antoine 的邮件，用给出的词及其对应的主有形容词把 Lise 的回复补充完整。**

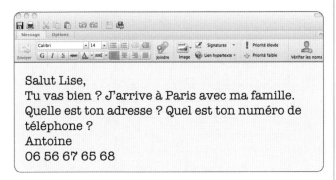

Salut Lise,
Tu vas bien ? J'arrive à Paris avec ma famille.
Quelle est ton adresse ? Quel est ton numéro de téléphone ?
Antoine
06 56 67 65 68

adresse – message – femme – numéro – fils

Salut Antoine,

Merci pour ....

Voici .... : 06 15 45 67 21

et .... : 65 bd Brune à Paris.

Bises à .... et à ....

.... !

À demain,

Lise

12 **Lisez le mail du responsable de l'école, puis écrivez la réponse. 读学校负责人的邮件并回复他。**

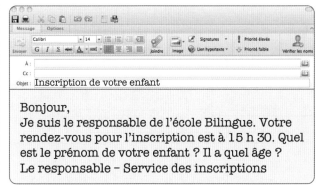

À :
Cc :
Objet : Inscription de votre enfant

Bonjour,
Je suis le responsable de l'école Bilingue. Votre rendez-vous pour l'inscription est à 15 h 30. Quel est le prénom de votre enfant ? Il a quel âge ?
Le responsable – Service des inscriptions

- Vous remerciez.
- Vous donnez le prénom et l'âge de votre enfant.
- Vous demandez l'adresse de l'école et le nom du responsable.

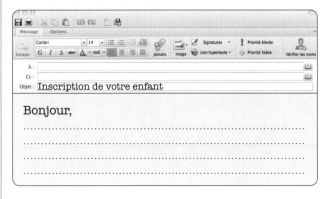

À :
Cc :
Objet : Inscription de votre enfant

Bonjour,
....
....
....
....

Phonétique 语音

L'intonation 语调

13 **À deux, écoutez et répétez. Respectez l'intonation de la question.**
两人一组，听录音并跟读。模仿提问的语调。 24

- Votre nom ?
- Bennès.
- B ?
- B.
- 2 N ?
- 2 N.
- E accent grave ?
- E accent grave.
- B, E, 2 N, E accent grave, S ?
- B, E, 2 N, E accent grave, S.

1 **Écoutez et complétez l'arbre généalogique de Clara avec les prénoms.**
听录音，填写 Clara 的家族树。

25

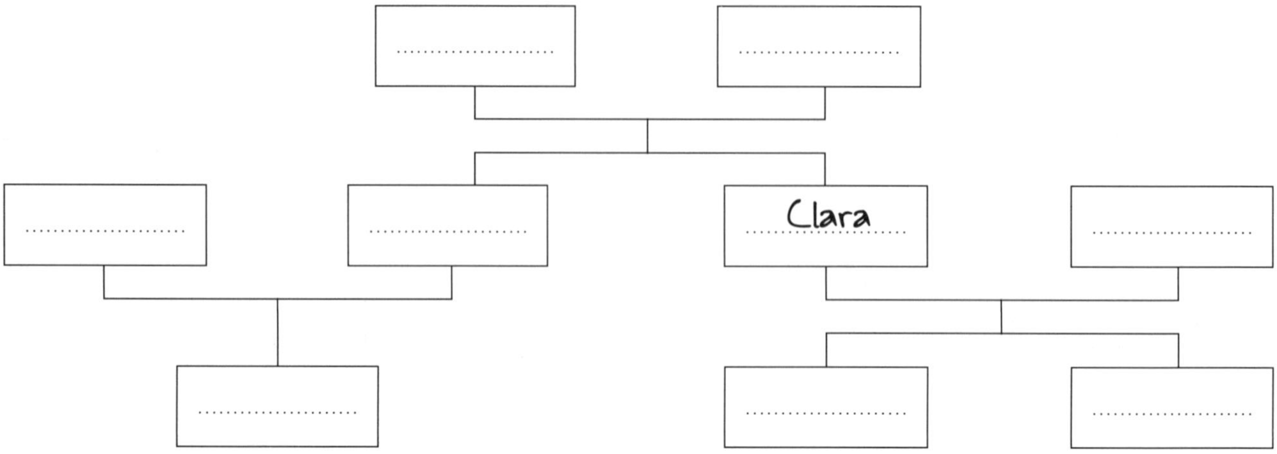

2 **Présentez Clara et Simon. 介绍 Clara 和 Simon。**

- **Prénom :** Clara
- **Date de naissance :** 15/02/1974
- **Nationalité :** belge
- **Profession :** professeur de mathématiques
- **Situation de famille :** mariée, 2 enfants
- **Lieu d'habitation : Pays :** Belgique
- **Ville :** Bruxelles
- **Langues parlées :** français, espagnol

- **Prénom :** Simon
- **Date de naissance :** 30/04/1972
- **Nationalité :** belge
- **Profession :** ingénieur
- **Situation de famille :** marié, 1 enfant
- **Lieu d'habitation : Pays :** Canada
- **Ville :** Montréal
- **Langues parlées :** français, anglais

Elle s'appelle Clara ....
....
....
....
....

....
....
....
....
....

3 **Posez des questions au mari de Clara. 向 Clara 的丈夫提问。**

Comment vous vous appelez ?

....

....

....

....

....

....

4 **À l'école, Nicolas dessine sa famille. Complétez avec *mon* ou *ma*. 在学校里，Nicolas 画了自己的家人。在图中填上 mon 或者 ma。**

5 **Nicolas a 4 amis étrangers dans sa classe. Présentez-les. Nicolas 班里有 4 个外国朋友，请介绍他们。**

Meghan est américaine. Elle parle anglais.

a ....

b ....

c ....

6 **Nicolas et l'un de ses amis (activité 5) se présentent et parlent de leur famille. Écrivez le dialogue puis jouez-le devant la classe. Nicolas 和练习 5 中的某个朋友互相介绍自己，谈论自己的家人。写出对话，然后在班上表演。**

....

....

....

....

....

Faits et gestes

1 Choisissez les gestes qu'on utilise en France pour dire bonjour. **选出法国人用来打招呼的手势。**

a

b

c

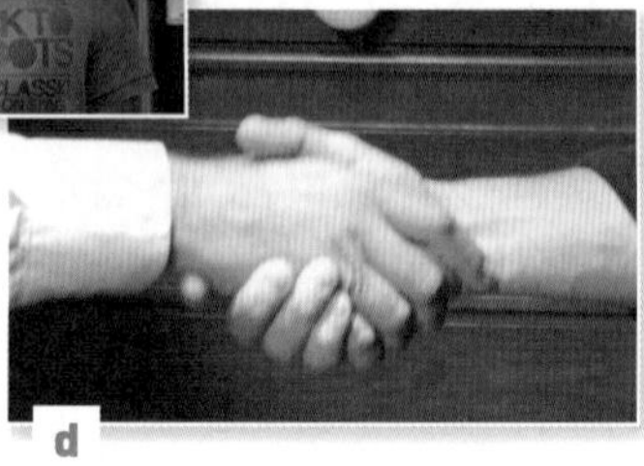

d

2 Complétez avec : ***Moi, je m'appelle... – Moi, c'est... – Coucou ! – Bonjour, enchantée.***
将给出的句子填到对应的图下方。

Bonjour, enchanté.

a

.... !

d

.... , ...

b

.... , ... Hugo.

c

.... , ... Juliette.

3 Associez les photos aux personnes. **将照片与对应的人物连起来。**

1

a

b

2

c

d

Culture

4 Lisez les informations p. 17 et regardez la carte de France page 132 du livre. Répondez. 读学生用书第 17 页图上的信息，观察第 132 页的法国地图。回答问题。

a Quelle ville a 870 018 habitants ? ....

b Quels mots symbolisent la France ?

....

c Qu'est-ce qu'on chante le 14 juillet ?

....

d Dessinez quelque chose qui représente la France.

5 Situez et notez Nantes sur la carte de France.
在法国地图上找到南特的位置并标记出来。

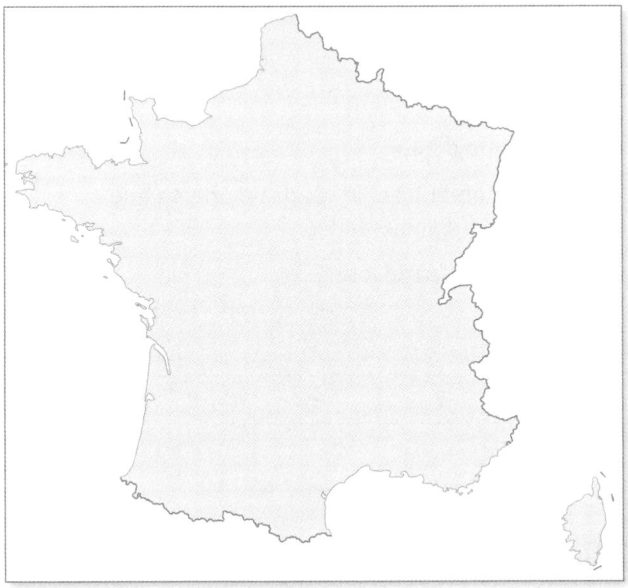

6 Il y a combien d'habitants à Nantes ?
南特有多少人口?

a 314 611

b 293 234

c 250 000

Le lieu unique à Nantes

7 Trouvez trois mots en relation avec Nantes. 找出与南特有关的三个词。

....

Leçon 9

Comprendre 理解

Le menu 菜单

1 Lisez le menu et trouvez les erreurs. Écrivez le menu correct. 读菜单，找到错误之处，写出一份正确的。

Menu	Menu correct
Entrées	**Entrées**
Salade italienne	....
~~Steak Chez Philippe~~	....
Tarte aux pommes	....
Plats	**Plats**
Saumon grillé	....
Poulet rôti	Steak Chez Philippe
Salade au poulet	....
Desserts	**Desserts**
Salade de fruits	....
Escargots	....
Mousse au chocolat	....

La commande au restaurant 餐馆点餐

2 Mettez le dialogue dans l'ordre. 将句子重新排序，组成对话。

a Quelle cuisson ?
b Oui. Et comme plat ?
c Bonjour madame, qu'est-ce que vous prenez ?
d À point.
e Et comme boisson ?
f Aujourd'hui, c'est le poulet rôti.
g Non, je prends un steak.
h Une carafe d'eau.
i Bonjour, en entrée, je voudrais une salade italienne, s'il vous plaît.
j Quel est le plat de jour ?

1	2	3	4	5	6	7	8	9	10
.....	.....	.....	.....	.....	.....	.....	.....	.....	.....

Pour...

→ Commander au restaurant 在餐馆点餐

Le serveur
Comme plat du jour, il y a le poulet basquaise.
Le client
Un steak frites, s'il vous plaît.
L'addition, s'il vous plaît !

→ Poser des questions 提出问题

– Qu'est-ce que tu prends ? – Le poulet.
– Est-ce que vous prenez du vin ? – Oui/Non.

Les mots...

De la restauration 餐饮

le menu – la carte – le plat
l'addition
une salade
une entrée : les escargots
la viande : le poulet, un steak
un poisson, le saumon
un dessert : la tarte aux pommes, la mousse au chocolat
une boisson : une carafe d'eau, un jus de fruit, le vin
le déjeuner – le dîner
le sel – le poivre

3 **Écoutez et reconstituez les deux tables. 听录音，拼出两份餐。** 26

Table 1 : dessins ...... et ......   Table 2 : dessins ...... et ......

Vocabulaire 词汇

Les mots de la restauration 餐饮词汇

4 **Regardez les photos et complétez la grille. 观察图片，将单词格补充完整。**

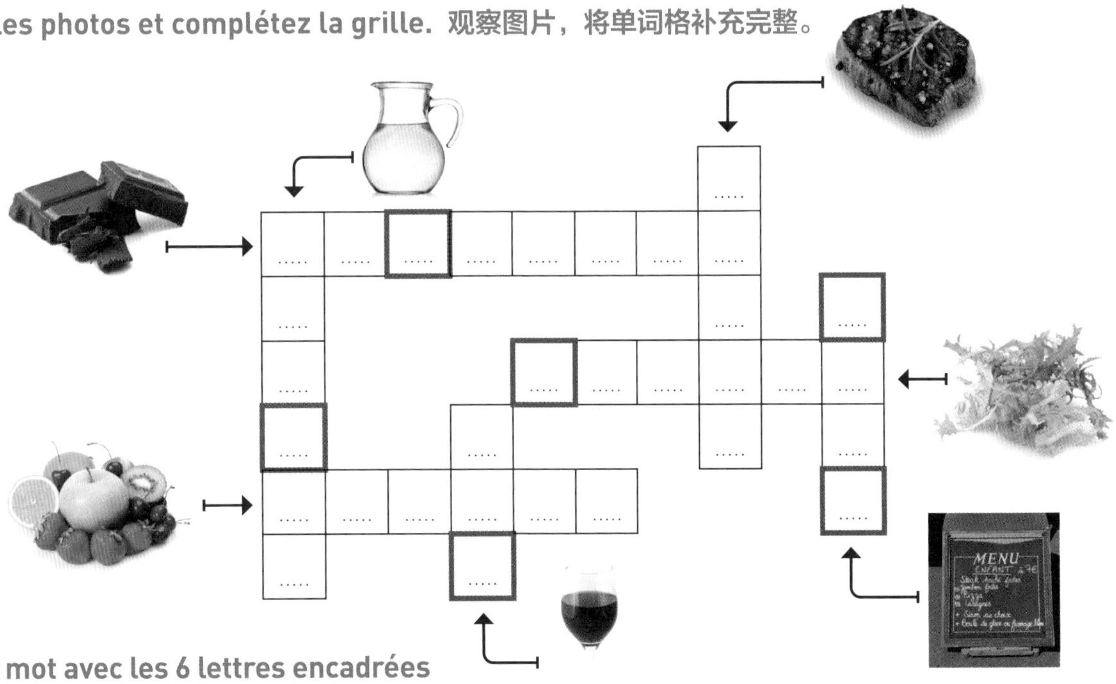

5 **Écrivez un mot avec les 6 lettres encadrées de l'activité 4. 找出由练习 4 中 6 个蓝格字母组成的单词**

.....	.....	.....	.....	.....	.....

6 **Observez et complétez. 观察图片并填空。**

a

une *mousse au chocolat*

b

une ....
....

c

une ....
....

d

une ....
....

Grammaire 语法

Les articles définis et indéfinis 定冠词和不定冠词

7 Formez des phrases. 组织句子。

Je prends Nous prenons	un une des	dessert plat entrée boissons	le la les	tarte poulet basquaise salade italienne verre de vin jus de fruits saumon	s'il vous plaît

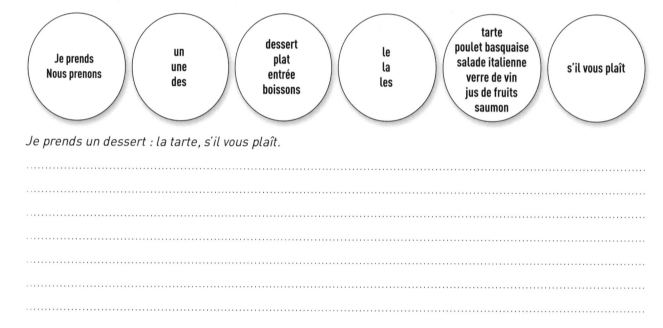

Je prends un dessert : la tarte, s'il vous plaît.

....

....

....

....

....

....

....

Le verbe *prendre* au présent 动词 prendre 的直陈式现在时

8 Complétez avec le verbe *prendre* au présent. 用 prendre 的直陈式现在时形式完成句子。

a Vous .... le plat du jour ?

b Qu'est-ce qu'on .... comme boisson ?

c Les clients de la table 11 .... le menu à 12 euros.

d Est-ce que tu .... une entrée ?

e Nous .... deux steaks sauce échalote.

f Moi, je .... le saumon grillé et lui, il .... le poulet basquaise.

9 Imaginez d'autres plats ou boissons pour l'activité 7 et complétez. 给练习 7 设计其他菜品或者饮品，填写下列句子。

Je prends .... s'il vous plaît.

Nous prenons .... s'il vous plaît.

Grammaire

Les articles indéfinis et définis 不定冠词和定冠词

不定冠词表示泛指。

un steak une salade des steaks

定冠词表示特指。

le menu la carte

l'addition les desserts

***Prendre* au présent 动词 prendre 的直陈式现在时**

je	prends	[prɑ̃]
tu	prends	
il/elle/on	prend	
nous	prenons	[prən]
vous	prenez	
ils/elles	prennent	[prɛn]

10 **Écoutez et commandez au restaurant. 听录音，在餐厅点餐。**

27

Dessert / mousse au chocolat → Je voudrais un dessert, la mousse au chocolat, s'il vous plaît.

Communiquer 交际

Pour commander au restaurant 在餐馆点餐

11 **Écrivez le menu pour chaque personne. 给右侧两个人设计菜单。**

Menu a

Entrée

....

Plat

....

Dessert

....

Menu b

Entrée

....

Plat

....

Dessert

....

a

b

12 **À partir des menus de l'activité 11, imaginez un dialogue au restaurant entre le serveur/la serveuse et les clients. 根据练习 11 的菜单，设计一个发生在餐馆服务员和顾客之间的对话。**

Pour poser des questions 提出问题

13 **Entourez la forme correcte. 圈出正确的表达。**

Qu'est-ce que / Est-ce que vous prenez un dessert ?

a *Qu'est-ce que / Est-ce que* vous voulez une salade italienne ?

b *Qu'est-ce que / Est-ce que* tu prends ?

c *Qu'est-ce qu' / Est-ce qu'*il y a au menu ?

d *Qu'est-ce que / Est-ce que* vous prenez un dessert ?

e *Qu'est-ce que / Est-ce que* vous avez comme jus de fruits ?

f *Qu'est-ce qu' / Est-ce qu'*il y a un plat du jour ?

Phonétique 语音

Les liaisons 联诵

14 **Lisez. Respectez les liaisons. Écoutez pour vérifier.**
读下列单词，注意联诵。听录音检查是否读准。

28

a euro
b l'euro
c un euro
d des euros
e deux euros
f trois euros

Leçon 10

Comprendre 理解

La description de la ville (Toulouse) et les activités
描写城市（图卢兹）和休闲活动

1 **Retrouvez les légendes des photos.** 找出下列图片的图注文字。

a

b

c

d

a : On pique-nique ■ → ■ dans le jardin des Plantes.

.... : On écoute de la musique ■ ■ sur la place du Capitole.

.... : On fait une promenade ■ ■ dans les petites rues.

.... : On retrouve des amis ■ ■ sur les quais de la Garonne.

Pour...

→ Décrire une ville 描述城市

il y a + 冠词 + 名词

À Paris, il y a le fleuve, les quais, les ponts, les rues, les avenues.

Les mots...

Des activités 休闲活动

retrouver des amis
écouter de la musique
découvrir
faire une promenade
faire la fête
regarder
bronzer
pique-niquer

De la ville 城市

une rive
une place
un musée
un bateau
un jardin

De la météo 天气

il fait beau ≠ il pleut
il fait chaud ≠ il fait froid

2 **Écoutez et dessinez la photo de Nina.** 听录音，画出 Nina的肖像。 29

Vocabulaire 词汇

Les mots de la ville 与城市相关的词汇

3 **Retrouvez les 8 lieux de la ville.** 找出 8 个城市里的地点。

R	J	A	R	D	I	N
O	L	P	U	K	A	D
V	F	L	E	U	V	E
Q	U	A	I	Q	E	C
T	S	C	P	O	N	T
I	R	E	Z	M	U	A
X	M	U	S	E	E	H

4 **Pour chaque lieu, dites quelles activités sont possibles.** 说出在每个地点可以从事的活动。

a Dans le jardin, *on retrouve des amis, on pique-nique,* ……

b Au cinéma, ……

c Au musée, ……

d Sur les quais, ……

Grammaire 语法

Le pluriel des noms 名词的复数

5 Accordez les noms, si nécessaire. 将需要配合的名词进行词形变化。

À Toulouse aussi, il y a un fleuve......., la Garonne, avec des rives....... et des pont....... . Le plus vieux s'appelle le Pont-Neuf. L'été......., sur les quai....... de la Garonne, c'est Toulouse-Plages ! On retrouve des ami......., on écoute de la musique..., on danse. Les Toulousain....... aussi font la fête... !

Le pronom *on* 代词 on

6 Associez. 连线。

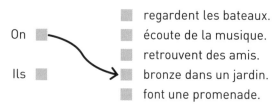

	▢	regardent les bateaux.
On ▢	▢	écoute de la musique.
	▢	retrouvent des amis.
Ils ▢	▢	bronze dans un jardin.
	▢	font une promenade.

(On → bronze dans un jardin.)

Le verbe *faire* au présent 动词 faire 的直陈式现在时

7 Complétez avec le verbe *faire* au présent. 用动词 faire 的直陈式现在时词形填空。

– Qu'est-ce que tu .... aujourd'hui ?
– Avec Charlotte, on retrouve des amis. Ils .... de la musique dans un bar, place du Capitole.
– Et après, qu'est-ce que vous .... ?
– Nous .... une promenade sur les quais, c'est Toulouse-Plages !
– Ah, oui ! On .... la fête ! C'est l'été !

Communiquer 交际

Pour décrire une ville 描述城市

8 Regardez le plan de Toulouse et écrivez la brochure touristique.
观察右侧的图卢兹城区地图，写一个旅游手册。

À Toulouse, il y a des places : la place du Capitole et la place de la Bourse.
On retrouve des amis ....
....
....
....

Grammaire

Le pluriel des noms 名词的复数

名词词末添加字母**s**。
le quai → les quai**s** [kɛ]
un pont → des pont**s** [pɔ̃]
字母**s**不发音。
❗ un bateau → des bateau**x**

***Faire* au présent**
动词 faire 的直陈式现在时

je	**fais**	[fɛ]
tu	**fais**	[fɛ]
il/elle/on	**fait**	[fɛ]
nous	**faisons**	[fəzɔ̃]
vous	**faites**	[fɛt]
ils/elles	**font**	[fɔ̃]

Le pronom *on* 代词 on

on = les personnes à Paris (Parisiens, touristes...)
❗ on做主语时，谓语动词的变位与il或elle做主语的情况相同。
On fait la fête.

9 **Expliquez quelles activités vous faites le week-end et où. 说说你周末从事的活动及其地点。**

Le week-end, je retrouve des amis et on regarde un film au cinéma. ....

....

....

....

....

Phonétique 语音

Le pluriel 复数

10 **Écoutez. Dites le pluriel. Écoutez pour vérifier. 听录音，说出复数词形。听录音检查答案。** 30

le fleuve → *les fleuves*

a le quai
b la musique
c le pont
d le jardin
e le monument
f l'ami

11 **Écoutez et prononcez les noms des lieux. Trouvez-les sur la carte.**
听录音，读出地名。在下面的地图上找出这些地点。 31

a Le pont des Arts
b Le musée du Louvre
c La pyramide du Louvre
d La place de la Concorde
e La Seine
f Le jardin des Tuileries
g L'Obélisque
h Un bateau

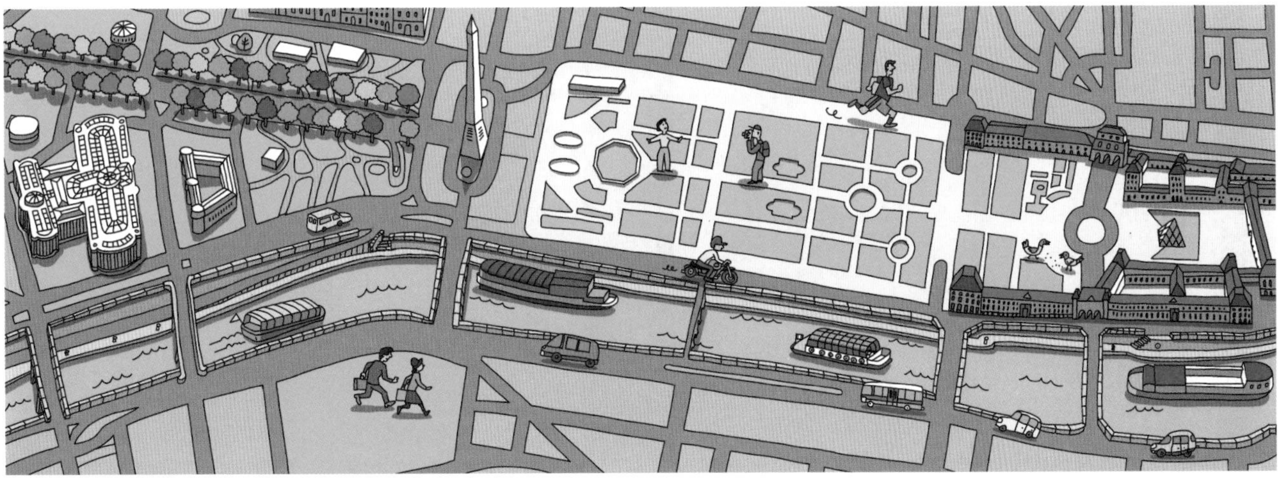

Leçon 11

Comprendre 理解

L'heure 时间

1 **Écoutez et associez.** 听录音，将时间和对应的场景连起来。 32

	08 : 00	09 : 30	12 : 00	12 : 45	14 : 15	15 : 00	18 : 40
Situation n°	....	*exemple*	....	....	....	....	....

Un agenda 日程安排

2 **Écoutez les dialogues et complétez l'agenda de Benjamin. Écrivez l'activité et le lieu des rendez-vous.** 听对话录音，补全 Benjamin 的日程表。写出待办事项的内容和地点。 33

Emploi du temps

Samedi	
9 h 00	16 h 00 ....
10 h 00	17 h 00 ....
11 h 00	18 h 00 ....
12 h 00	19 h 00 ....
13 h 00	20 h 00 ....
14 h 00	21 h 00 ....
15 h 00	22 h 00 ....
	23 h 00 ....

Pour...

→ Proposer une sortie 提议外出

Tu fais quoi / Vous faites quoi + jour ?
Ça te dit de / Ça vous dit de + infinitif ?
Tu viens / Vous venez + avec moi / nous ?

→ Dire l'heure 表述时间

il est + heure
il est 10 heures

→ Organiser un rendez-vous 安排约会

Où ?
chez Paparazzi   à côté de l'opéra
devant le cinéma
Quand ? / À quelle heure ?
aujourd'hui   demain soir
dimanche à 20 heures

→ Situer dans l'espace 定位

On se retrouve devant le cinéma.

Les mots...

De la journée 一天

le matin le soir   l'après-midi
la nuit   aujourd'hui   demain

Des activités culturelles 文化活动

voir un film au cinéma
visiter un musée
aller au théâtre
sortir

Vocabulaire 词汇

La journée 一天

3 Associez. 连线。

le soir ☐ — ☐ a

l'après-midi ☐ — ☐ b

la nuit ☐ — ☐ c

le matin ☐ — ☐ d

le midi ☐ — ☐ e

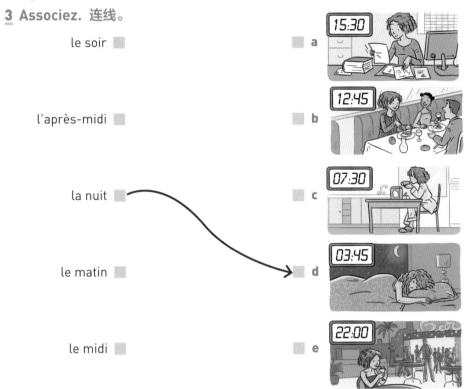

Les activités culturelles 文化活动

4 Barrez l'intrus. 找出不同者。

a aller *au resto* / *au théâtre* / *un musée*

b visiter *une exposition* / *un film* / *un musée*

c voir *au cinéma* / *une exposition* / *un film*

5 Regardez les images et dites quelle heure il est. 看图，说出时间。

a ....

b ....

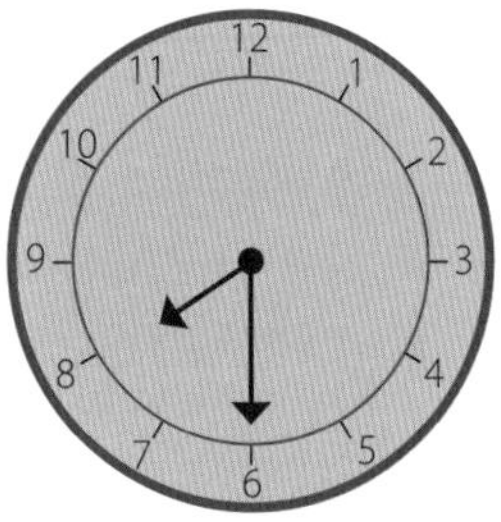

c ....

d ....

Grammaire 语法

La négation 否定句

6 Répondez négativement. 给出下列问题的否定回答。

– Tu habites en France ? – *Non, je n'habite pas en France.*

a – Vous êtes espagnols ? – Non, ...

b – Les musées sont ouverts aujourd'hui ? – Non, ...

c – Nous allons au théâtre demain ? – Non, ...

d – On est vendredi aujourd'hui ? – Non, ...

e – Tu vas à l'université ? – Non, ...

7 Écoutez et transformez à la forme négative. 听录音，变为否定句。 34

J'aime les musées. → Je n'aime pas les musées.

Les verbes *aller* et *venir* au présent 动词 aller 和 venir 的直陈式现在时

8 Complétez avec les verbes *aller* ou *venir* au présent. 用 aller 或 venir 的直陈式现在时形式填空。

a Vous .... où ce soir ?

b Marie et Bénédicte .... au musée ce week-end ?

c Vous .... à quelle heure ?

d Est-ce que nous .... chez Marie et Baptiste ?

e Je .... au ciné avec Franz. Tu .... avec nous ?

9 Associez les réponses aux questions de l'activité 8. 从练习 8 中找出与下面回答相对应的问句。

Question .... **1** Oui, elles visitent le Louvre.

Question .... **2** D'accord.

Question .... **3** Non, ils viennent chez nous.

Question .... **4** On vient à huit heures.

Question .... **5** On va dans un petit resto indien, *Le Taj Mahal*.

10 Relisez les phrases de l'activité 8 et complétez le tableau. 读练习 8 的问句，填写表格。

	ALLER	VENIR		ALLER	VENIR
je	....	....	nous	....	....
tu	....	....	vous	....	....
il/elle/on	....	....	ils/elles	....	....

Grammaire

	aller	venir
je	vais	viens
tu	vas	viens
il/elle/on	va	vient
nous	allons	venons
vous	allez	venez
ils/elles	vont	viennent

La négation 否定句

主语 + **ne (n')** + 谓语动词 + **pas**

Je ne connais pas. Je n'aime pas.

! Je ne veux pas venir.

Communiquer 交际

Proposer une sortie et organiser un rendez-vous ; dire l'heure
提出外出建议、组织聚会，表述时间

11 Lisez et complétez les emails de Judith et Pilou. Commencez par le mail 3. 读 Judith 和 Pilou 之间的往来邮件，补全邮件内容。从邮件 3 开始。

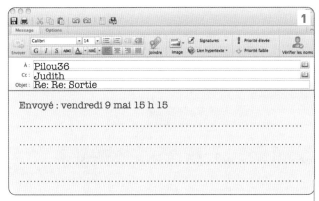

1

À : Pilou36
Cc : Judith
Objet : Re: Re: Sortie

Envoyé : vendredi 9 mai 15 h 15

....

....

....

....

2

À : Judith
Cc : Pilou36
Objet : Re: Sortie

Envoyé : jeudi 8 mai 18 h 36

D'accord pour samedi ! J'aime aller au restaurant.

On se retrouve où et à quelle heure ?

Pilou

3

À : Pilou36
Cc : Judith
Objet : Sortie

Envoyé : jeudi 8 mai 11 h 11

Salut Pilou,

....

....

....

Bises,
Judith

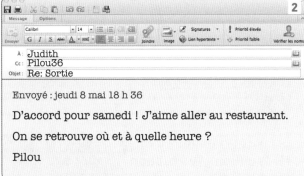

12 Voici votre agenda. Parlez de vos activités du week-end, dites les jours et les heures. 这是你的日程本。谈谈周末活动，说明时间安排。

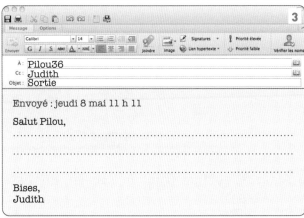

13 Complétez votre agenda du week-end (activité 12) avec deux autres activités. Téléphonez à un(e) ami(e) pour proposer une sortie. Jouez la scène. 在练习 12 的日程本上再增加两项活动。给一个朋友打电话，请他 / 她出去玩。表演对话场景。

Phonétique 语音

Les enchaînements 连音

14 Transformez comme dans l'exemple. Respectez les enchaînements.
仿照示例造句，注意连音。 35

une heure → *il est une heure*

a sept heures
b huit heures
c neuf heures
d quatre heures
e quatre heures et quart
f cinq heures et demie

1 **Écrivez le SMS de Mme Trublion à M. Trublion pour proposer une sortie au restaurant. Précisez le lieu et l'heure du rendez-vous. 以 Trublion 夫人的名义给她的丈夫发短信，提议外出就餐。确认见面的时间和地点。**

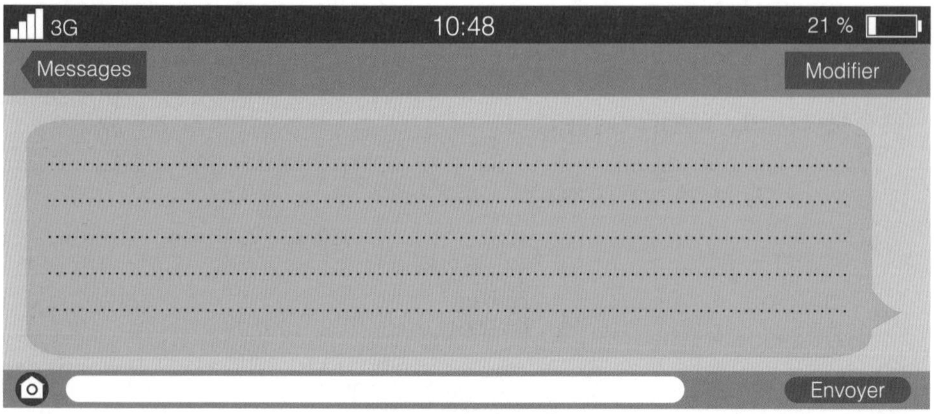

2 **Écrivez la réponse de M. Trublion. 替 Trublion 先生回复短信。**

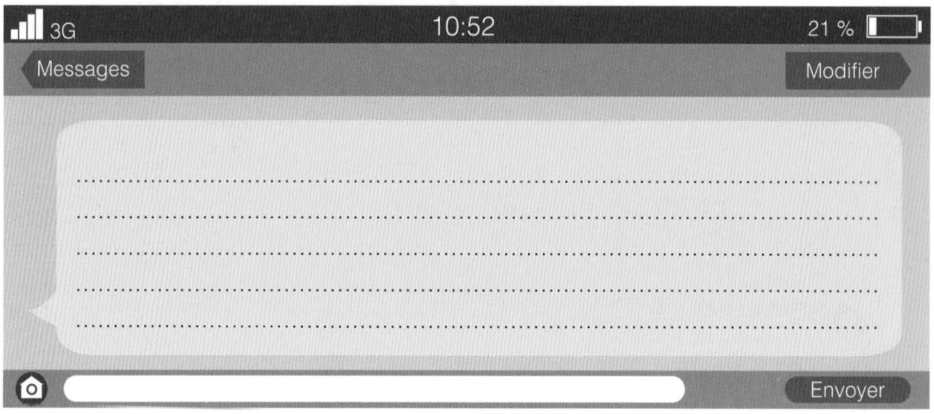

3 **Aidez M. et Mme Trublion à choisir un restaurant. 帮助 Trublion 夫妇选择餐厅。**

Chez Fantoche

Entrées
Salade du chef
Escargots

Plats
Poulet basquaise
Steak sauce échalote

Desserts
Salade de fruits
Tarte aux pommes

La bonne table

Entrées
Escargots
Salade

Plats
Saumon grillé
Poulet rôti
Steak frites

Desserts
Mousse au chocolat
Tarte aux pommes

M. et Mme Trublion choisissent ....

....

4 **Écoutez et notez la commande de M. et Mme Trublion.**
听录音，记下 Trublion 夫妇点的菜品。 36

5 **Écoutez et cochez les activités de M. et Mme Trublion après le restaurant. 听录音，选出他们用餐后的活动。** 37

a

b

c

d

6 **Il est 22 h. M. et Mme Trublion vont dans un café. Répondez aux questions.**
晚上 10 点，他们来到咖啡馆。回答问题。

a Comment s'appelle le café ? ....

....

b Où se trouve le café ? ....

....

c La semaine, le café ouvre à quelle heure le matin ?

....

d Est-ce que le café est ouvert le dimanche ?

....

7 **M. et Mme Trublion commandent au café. Imaginez le dialogue entre M. et Mme Trublion et le serveur. 他们在咖啡馆点单。想象二人和服务生之间的对话。**

Leçon 13

Comprendre 理解

Les vêtements 服装

1 Écoutez et cochez les informations pour chaque dialogue.
听录音，选出听到的信息。

38

			Dialogue 1	Dialogue 2	Dialogue 3
a	Quel vêtement ?	Un pantalon noir			
		Un pantalon gris			
		Une veste noire	✗		
b	Quelle taille ?	36			
		38			
		40			
c	Quel prix ?	59 €			
		69 €			
		79 €			
d	Quel moyen de paiement ?	Carte bancaire			
		Chèque			
		Liquide			

Vocabulaire 词汇

Les achats dans un magasin 商店购物

2 Complétez avec les mots de la liste. 用给出的词填空。

magasin – rayon – taille – carte

– Je cherche cette jupe en bleu.

– Quelle est votre .... ?

– 38.

– Vous voulez l'essayer ?

– Oui. Et pour payer ?

– Les caisses sont à l'entrée du .... , derrière le .... enfants.

– On peut payer par .... ?

– Oui, bien sûr !

Pour...

→ Acheter dans un magasin 在商店购物

Le client/La cliente
Je cherche une veste.
C'est combien ?
En liquide, par carte, par chèque.

La vendeuse/Le vendeur
Quelle est votre taille ?
Voulez-vous l'essayer ?
Vous payez comment ?

Les mots...

De l'intensité 程度

un peu/très/trop + 形容词
Un peu grande ?
Trop chère ?

Des vêtements 着装

une veste
une cravate
un pantalon/un jean
une chemise
une robe
des chaussures
porter
la taille

3 **Écrivez le moyen de paiement sous chaque photo.** 写出下面每幅图的支付方式。

a ....

b ....

c ....

Les mots de l'intensité 程度

4 **Décrivez la veste avec *un peu*, *très* ou *trop*.** 用 un peu、très 或 trop 描写服装。

a

b

c

a ....

b ....

c ....

5 **À vous : dessinez les situations contraires (activité 4) avec l'adjectif *grand*.** 用形容词 grand 描绘与练习 4 完全相反的场景。

Grammaire 语法

L'adjectif interrogatif *quel* 疑问形容词 quel

6 Complétez avec *quel*, *quelle*, *quels* ou *quelles*. 用疑问形容词 quel 的适当形式填空。

– Bonjour, je peux vous aider ?

– Oui, ... couleurs vous avez pour cette jupe ?

– Noir, blanc, marron ou rouge.

– Je voudrais l'essayer en rouge.

– .... est votre taille ?

– 40. Je cherche aussi une veste.

– .... style ?

– .... styles vous avez ?

– Classique pour travailler ou élégante pour sortir le soir.

– Classique, c'est pour travailler.

– .... couleur ?

– Noir.

Les adjectifs démonstratifs 指示形容词

7 Entourez l'adjectif démonstratif correct. 圈出正确的指示形容词。

a Je voudrais essayer *cette* / *cet* jupe, s'il vous plaît.

b Vous avez *ce* / *cette* pantalon en vert ?

c *Cette* / *Ces* chaussures sont trop petites.

d Le jaune est à la mode *cette* / *cet* été.

e *Ce* / *Cet* style ne me plaît pas.

f Combien coûtent *ces* / *cette* chaussures ?

g J'achète *ce* / *cette* jean et *ce* / *cette* cravate.

Grammaire

L'adjectif interrogatif *quel* 疑问形容词 quel

Quel *genre* de veste ?
Quelle est votre *taille* ?
Quelles *couleurs* ?
Quels *styles* ?

L'inversion sujet – verbe 主谓倒装

Voulez-vous l'essayer ?
Vous voulez l'essayer ?

Les adjectifs démonstratifs 指示形容词

Ce style, ça vous plaît ?
cet article ?
Cette veste est un peu grande.
ces chaussures

L'inversion sujet-verbe 主谓倒装

8 Écrivez les questions avec l'inversion du sujet. 写出下列问句的主谓倒装句式。

a Vous voulez essayer cette robe ?

....

b Vous payez comment ?

....

c Vous avez cette cravate en noir ?

....

d Quel genre de veste vous voulez ?

....

Communiquer 交际

Pour acheter dans un magasin 在商店买衣服

9 Choisissez des vêtements pour Manon et Olivier et présentez-les à la classe. 为 Manon 和 Olivier 挑选服装，在班上做介绍。

10 Choisissez un personnage (activité 9) et imaginez le dialogue pour acheter ces vêtements dans un magasin. 从练习 9 中选取一个人物，想象一个在商店购买服装的对话场景。

Phonétique 语音

Le son [œ] 音素 [œ]

11 Écoutez. Transformez comme dans l'exemple. 听录音，仿照示例转换句子。 39

J'ai un manteau bleu. → Un manteau bleu !

a J'ai une veste bleue.

b J'ai deux vestes bleues.

c J'ai vingt-deux robes.

d J'ai vingt-deux robes bleues.

e J'ai deux cravates roses.

f J'ai deux tee-shirts roses et bleus.

Leçon 14

Comprendre 理解

Une recette 菜谱

1 **Écoutez la recette et entourez les ingrédients. (Attention ! Ils ne sont pas tous sur le dessin)**
听录音，圈出所需食材。（请注意，录音里有些食材没有出现在图上。） 40

2 **Lisez et complétez avec les étiquettes.** 读下面的材料，用所给标签填空。

Nom du plat :	Conseil gourmand :	Préparation :	Ingrédients :	Temps de cuisson :	Temps de préparation :

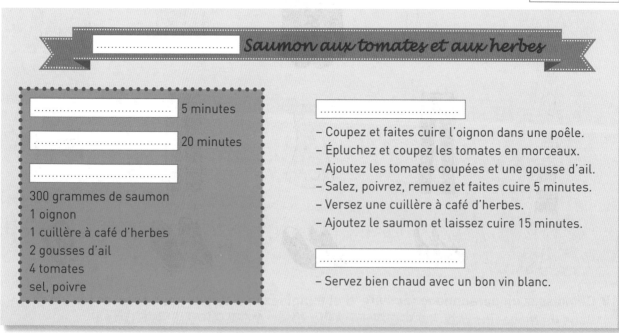

.... *Saumon aux tomates et aux herbes*

.... 5 minutes

.... 20 minutes

....
300 grammes de saumon
1 oignon
1 cuillère à café d'herbes
2 gousses d'ail
4 tomates
sel, poivre

....
– Coupez et faites cuire l'oignon dans une poêle.
– Épluchez et coupez les tomates en morceaux.
– Ajoutez les tomates coupées et une gousse d'ail.
– Salez, poivrez, remuez et faites cuire 5 minutes.
– Versez une cuillère à café d'herbes.
– Ajoutez le saumon et laissez cuire 15 minutes.

....
– Servez bien chaud avec un bon vin blanc.

Pour...

→ Indiquer une quantité 说明数量

1, 2, 3... + ingrédient : cinq tomates
200 grammes, 1 kilo... + de (d') + ingrédient : 700 g de veau
Une cuillère/un verre/une bouteille/une gousse + de (d') + ingrédient : 2 cuillères d'herbes
un peu/beaucoup + de (d') + ingrédient : un peu de sel

Les mots...

La cuisine 烹饪

Les ingrédients : une tomate, une courgette, un oignon, de l'ail, des herbes de Provence, l'huile
Les ustensiles : la cocotte, la poêle, le moule, la cuillère, le four
Des actions : éplucher, couper en morceaux, verser, ajouter, faire cuire, continuer la cuisson, servir

3 **Choisissez la photo du plat de l'activité 2. 选出练习 2 提及的菜品。**

a

b

c

Vocabulaire 词汇

Les mots de la cuisine 烹饪词汇

4 **Barrez l'intrus pour retrouver la recette. Les actions sont dans l'ordre de la recette. 选出正确的词，将菜谱复原。下面的步骤与菜谱一致。**

a *Versez / Épluchez* les pommes.

b *Coupez / Servez* les pommes en morceaux.

c *Laissez cuire / Versez* deux verres d'eau dans une casserole.

d *Faites cuire / Ajoutez* les pommes et le sucre.

e *Faites cuire / Coupez* 15 minutes et *servez / faites dorer* froid.

5 **Entourez la photo du plat de l'activité 4. 圈出练习 4 提及的菜品。**

a

b

c

6 **Complétez les dessins avec les verbes. 用所给动词填空，以描述图片。**

éplucher – servir – couper – verser – ajouter – faire cuire

a ....

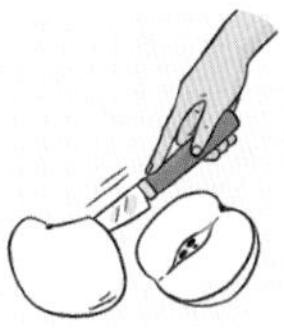
b ....

c ....

d ....

e ....

f ....

Grammaire 语法

7 Complétez avec *de*, *d'* ou « / ». 用 de、d'或"/"填空。

a 2 kilos .... courgettes
b un verre .... eau
c une bouteille .... jus de fruits
d 4 .... oignons
e un peu .... poivre
f une cuillère à café .... huile
g 300 grammes .... veau
h une gousse .... ail

L'impératif 命令式

8 Transformez selon les modèles. 仿照示例进行转换。

a Ajoutez le sucre. → *Ajoute le sucre.*
b Poivrez les courgettes. → ....
c Épluchez les pommes. → ....
d Coupez les oignons. → ....
e Épluche les légumes. → *Épluchez les légumes.*
f Sale les tomates. → ....
g Ajoute la viande. → ....
h Verse l'eau. → ....

Communiquer 交际

Pour indiquer une quantité 说明数量

9 Associez pour former des phrases correctes et prononcez-les. 连线，组成正确的句子并读出来。

Je voudrais ▢	▢ une bouteille de ▢	▢ huile.
	▢ 8 ▢	▢ sel.
	▢ 350 grammes de ▢	▢ viande.
	▢ un peu de ▢	▢ vin.
	▢ une cuillère d' ▢	▢ ail.
	▢ deux gousses d' ▢	▢ tomates.

10 Écrivez d'autres phrases sur le même modèle (activité 9). 仿照练习 9，写出更多句子。

a Je voudrais ....
b Je voudrais ....
c Je voudrais ....

Grammaire

L'impératif 命令式

命令式常用来表示指令或要求。

~~vous~~	versez	ajoutez	coupez	faites
~~tu~~	verse~~s~~	ajoute	coupe	fais

Pour cuisiner 烹饪

11 Observez la photo et imaginez la recette. 观察照片，设计菜谱。

OMELETTE AUX LÉGUMES

Temps de préparation : ....

Temps de cuisson : ....

Ingrédients (pour 4 personnes) :

– ....
– ....
– ....
– ....
– ....

Préparation :

1. ....
....
2. ....
....
3. ....
....
4. ....
....
....
....

12 Entourez 3 ingrédients du tableau et ajoutez un ingrédient surprise. Avec les 4 ingrédients, imaginez et présentez une recette. 在表格中圈出三种食材，再添加一种惊喜食材。用这四种食材设计一个菜谱并介绍。

banane	vin	poulet	courgette
saumon	eau	oignon	chocolat
huile d'olive	sel	poivre	herbes de Provence
crème Chantilly	ail	tomate	?

Phonétique 语音

L'élision 省音

13 Écoutez et transformez comme dans l'exemple. 听录音，仿照示例进行转换。 41

l'oignon → un peu d'oignon

a l'ail → ....
b le sel → ....
c l'eau → ....
d le poivre → ....
e l'huile → ....

Leçon 15

Comprendre 理解

La liste des courses 购物清单

1 Écoutez et corrigez la liste de courses. 听录音，修改购物清单。 42

1 kilo de pommes de terre ....
300 g de carottes ....
5 kg d'oranges ....
500 g de tomates ....
3 fraises ....
200 g de raisins ....

Les courses 购物

2 Remettez le dialogue dans l'ordre. 将下列各句重新排序组成对话。

..... **a** – Voilà, c'est tout ?
..... **b** – Oui, bonjour. Je voudrais des carottes, s'il vous plaît.
..... **c** – Pas de cerises aujourd'hui.
1 **d** – Bonjour monsieur, c'est à vous ?
..... **e** – Combien ?
..... **f** – 4,95 €.
..... **g** – Avec ça ?
..... **h** – 500 g de haricots verts.
..... **i** – Non, je voudrais des cerises.
..... **j** – Alors c'est tout. Je vous dois combien ?
..... **k** – 1 kg.

Pour...

→ Faire les courses 购物

Je voudrais des tomates.
Je veux du potiron.
Vous avez des courgettes ?
Ça fait combien ? / Je vous dois combien ?

Les mots...

Des magasins 商店

la boulangerie
la boucherie
la poissonnerie
le fromager
le primeur

Du marché 市场

un poireau
une salade
des haricots verts
une carotte
une pomme de terre
le lait les œufs
une fraise
une banane
une orange
du raisin
le pain

Vocabulaire 词汇

Les mots des magasins 与商店有关的词汇

3 Complétez avec les noms des magasins. 用商店名称填空。

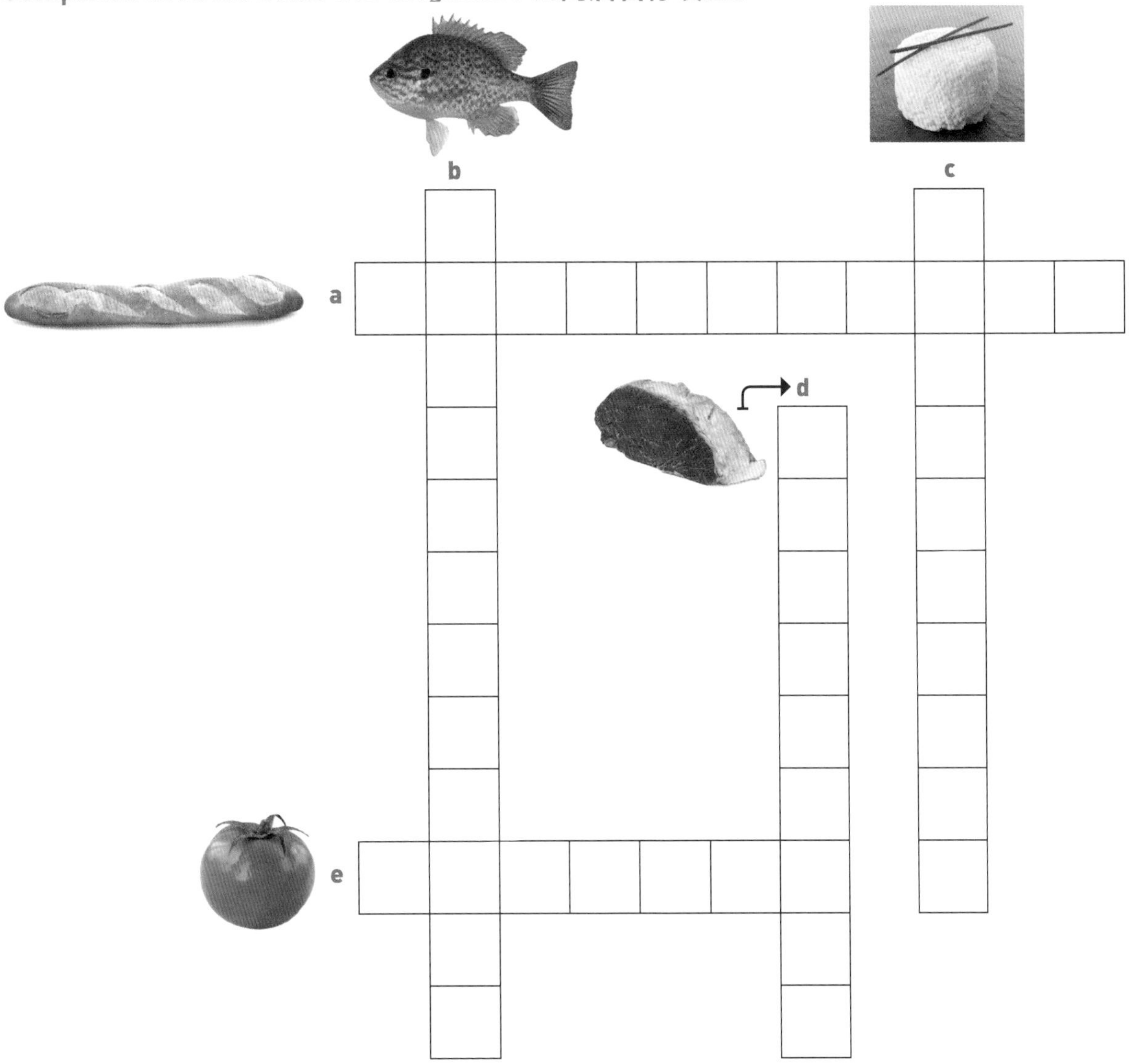

Les mots du marché 与市场有关的词汇

4 Écrivez les noms des fruits et légumes. 写出果蔬的名称。

a un légume et deux fruits de couleur rouge : *une tomate* ....

b deux légumes et deux fruits de couleur verte : ....

c deux légumes et un fruit de couleur orange : ....

d deux fruits de couleur jaune : ....

Grammaire 语法

Vouloir au présent vouloir 的直陈式现在时

5 Complétez avec le verbe *vouloir* au présent. 用动词 vouloir 的直陈式现在时形式填空。

a Il .... un verre d'eau.

b Tu .... du poulet ou du poisson ?

c Elles .... une salade et 500 grammes de carottes.

d Nous .... une bouteille de vin rouge.

e Je .... de la salade.

f Vous .... combien de pommes de terre ?

6 Prononcez puis entourez les verbes de l'activité 5 avec une prononciation identique. 读出练习 5 中的变位动词，圈出发音相同的词形。

Les articles partitifs 部分冠词

7 Complétez avec *du*, *de la*, *des*, *de l'*, *de* ou *d'*. 用部分冠词填空。

Dialogue a

– Je voudrais *de la* salade.

– Oui, bien sûr, combien ?

– Deux grosses salades, s'il vous plaît.

– Vous avez .... poires ?

– Non, désolé, nous n'avons pas .... poires.

– Alors, 2 kilos .... pommes, s'il vous plaît.

Dialogue b

– Qu'est-ce tu prends comme boisson ? J'ai .... café.

– Tu as .... eau ou .... jus de fruits ?

– Oui, bien sûr. J'ai .... jus d'orange.

– D'accord ; un verre .... jus d'orange, s'il te plaît.

voilà / c'est / ça

8 Complétez avec *voilà*, *c'est* ou *ça*. 用 voilà、c'est 或 ça 填空。

– Bonjour, ... à vous ?

– Oui, ... à moi. Un kilo d'oignons, s'il vous plaît.

– .... Et avec .... ?

– .... tout. .... fait combien ?

– 1,90 euro.

– .... 2 euros.

– Merci.

Grammaire

	vouloir	pouvoir
je/tu	veux	peux
il/elle/on	veut	peut
ils/elles	veulent	peuvent
nous	voulons	pouvons
vous	voulez	pouvez

❶ 条件式je voudrais表示礼貌的请求。

Les présentatifs 介绍性句型

c'est/voilà	ça
C'est à moi !	Avec ça ?
Voilà des pommes.	Ça fait combien ?

L'expression de la quantité 数量的表达

已知的确定数量（见leçon14）

数量不确定
du potiron (**de l'**argent)
de la salade (**de l'**eau)
des tomates (**des** oranges)

零数量
pas + de/d'...
Il n'y a pas de courgette.

Communiquer 交际

Pour faire les courses 购物

9 Imaginez un menu de Saint-Valentin. 设计情人节菜单。

10 Préparez la liste des courses (à partir du menu de l'activité 9) et indiquez les quantités pour deux personnes. 根据练习 9 的菜单，准备一份购物清单并指出两人份需要的食材数量。

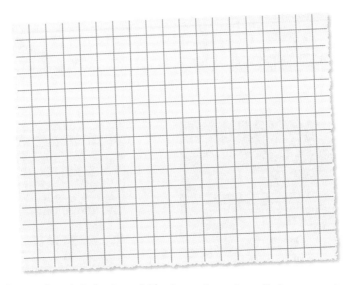

11 Achetez vos ingrédients (activités 9 et 10) : imaginez les dialogues chez les commerçants. 购买练习 9 和 10 中的食材，想象与商家的对话。

Phonétique 语音

Le son [œ] – Le son [E] 音素 [œ]—[E]

12 Écoutez et transformez comme dans l'exemple. 听录音，仿照示例进行转换。 43

Tu veux des courgettes ? → Oui, des courgettes, deux.

a Tu veux des pommes ?

b Tu veux des fraises ?

c Tu veux des tomates ?

d Tu veux des carottes ?

e Tu veux des oranges ?

f Tu veux des pommes de terre ?

Bilan

1 **Les amis de Marie ne mangent pas de viande. Aidez Marie à choisir le menu correct.**
Marie 的朋友不吃肉，请帮她选出正确的菜单。

MENU 1

Salade de tomates

Moules frites

Tarte aux fraises

MENU 2

Poireaux vinaigrette

Magret de canard

Salade de fruits

MENU 3

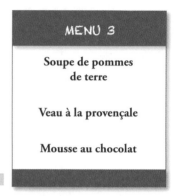

Soupe de pommes de terre

Veau à la provençale

Mousse au chocolat

2 **Marie fait les courses. Cochez les magasins où elle va (d'après le menu choisi dans l'activité 1).**
Marie 去购物。根据练习 1 的菜单，勾选出她会去的市场。

a

c

b

d

3 **Écoutez et dites quel dialogue correspond aux courses de Marie.**
听录音，判断 Marie 购物时的对话是哪个。

44

Dialogue : ....

4 **Imaginez le dialogue à la poissonnerie. 想象在水产店的对话。**

5 Marie veut préparer des moules frites. Elle téléphone à un ami. Écoutez et notez la recette.
Marie 想做贻贝薯条这道菜。她打电话向一位朋友请教。听录音并记下菜谱。 45

MOULES FRITES

Ingrédients pour 4 personnes

....

....

....

....

....

Préparation

1. ....
2. ....
3. ....
4. ....

....

6 Retrouvez Marie et ses amis. 辨认 Marie 和她的朋友们。

Kamel a un pantalon vert, une chemise orange et des chaussures noires.

Louis a un pantalon bleu, une chemise blanche et des chaussures bleues.

Pauline a une jupe verte, un tee-shirt jaune et des chaussures noires.

a ....

b ....

c ....

d ....

7 Comment est habillée Marie (activité 6) ? 练习 6 中 Marie 是什么样的穿着?

....

....

Faits et gestes

1 Mettez les photos dans l'ordre d'un repas au restaurant et notez un mot pour chaque photo.
根据在餐馆用餐的程序对图片进行排序，给每张图配上一个词。

→ *4 steak frites*

a

→ ....

b

→ ....

c

→ ....

d

→ ....

e

→ ....

f

→ ....

g

→ ....

2 Vous êtes Hugo. Qu'est-ce que vous dites ? 假设你是 Hugo，以下场景中你会说什么？

a

....

....

b

....

....

c

....

....

d

....

....

e

....

....

f

....

....

Culture

3 Associez chaque objet à un lieu parisien. 将左侧的物品与对应的巴黎地点连起来。

a b c d e

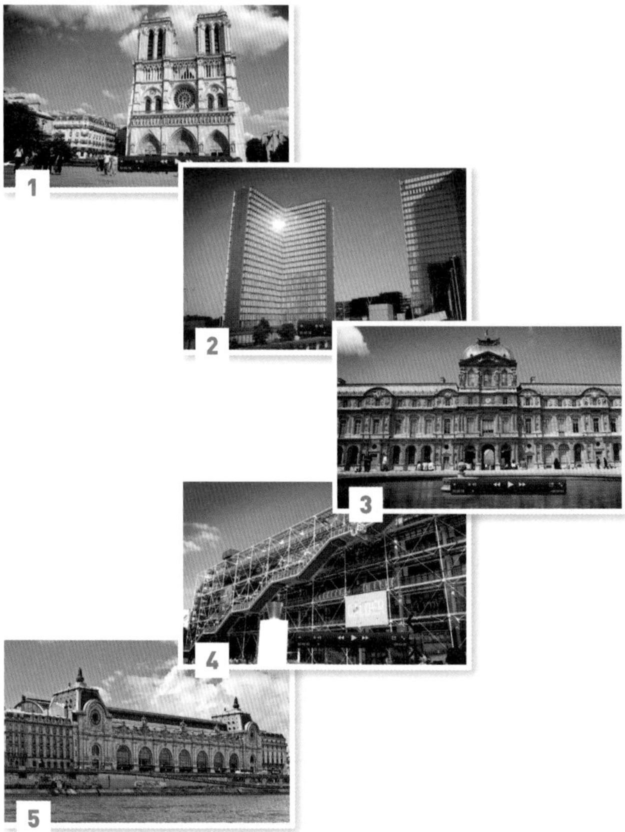

1 2 3 4 5

4 Associez les profils à une affiche. 找出与下面每个人的情况相对应的页面。

a Étienne a 40 ans. Il est ingénieur et habite le centre d'une grande ville. Il est célibataire et mange souvent au restaurant.

b Emma a 22 ans. Elle est étudiante et habite à Nantes. Elle a peu de temps.

c Céline a 32 ans. Elle a un enfant de 18 mois. Elle aime cuisiner.

d Charlotte est sportive et mange beaucoup.

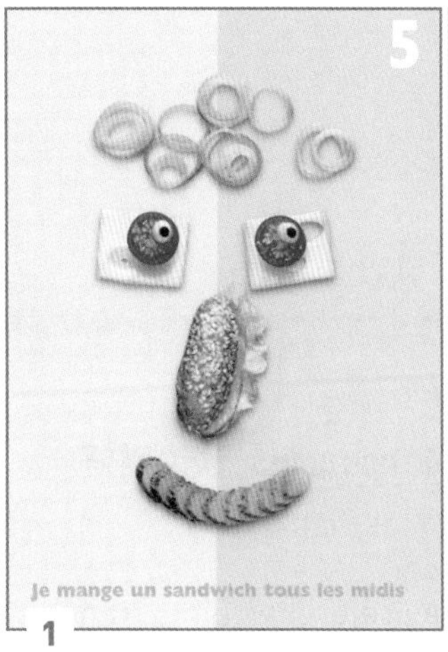
5
Je mange un sandwich tous les midis

1

9
Je ne cuisine pas

2

J'ai toujours faim

3

3
Je prépare à manger pour ma famille

4

Leçon 17

Comprendre 理解

Un commentaire positif/négatif 正面 / 负面评价

1 Cochez la bonne réponse. 勾选正确答案。

	Commentaire positif	Commentaire négatif
a Les comédies, c'est sympa.	☐	☐
b Les drames, c'est ennuyeux.	☐	☐
c Les films d'action, c'est pas mal.	☐	☐
d Les films français, c'est bien.	☐	☐

Une proposition de sortie 外出建议

2 Écoutez et choisissez les réponses correctes. 听录音，选择正确答案。 46

a Théo propose une sortie à Nina.

☐ Vrai ☐ Faux

b Nina et Pierre vont voir :

☐ un film d'action français en couleurs.
☐ une comédie française en noir et blanc.
☐ une comédie américaine en noir et blanc.

c Théo préfère :

☐ les films en noir et blanc.
☐ les films en couleurs.
☐ les vieux films.
☐ les nouveaux films.
☐ les films d'action.
☐ les comédies.

d Théo va aller au cinéma avec Nina et Pierre.

☐ Vrai ☐ Faux

Pour...

→ Faire un commentaire positif/négatif 做出正面 / 负面评价

C'est pas mal. = C'est bien.
C'est sympa.
C'est (un peu) ennuyeux.

→ S'informer sur les goûts de quelqu'un 询问爱好

Tu n'aimes pas les films d'action ?

→ Parler de nos goûts 谈论喜好

Je préfère les vieux films.
J'aime bien.
Si, **mais** je préfère les films français.

→ Situer une action dans le futur 确定未来的动作行为

Après, on va voir *Intouchables*.

Vocabulaire 词汇

Les mots du cinéma 电影词汇

3 Retrouvez l'expression équivalente (=) ou contraire (≠). 找出同义（=）或反义（≠）表达。

Je n'aime pas les films tristes. = *les drames*

a C'est un film en couleurs. ≠ ....

b On va au cinéma ce soir ? = ...

c J'aime les vieux films. ≠ ....

d Il est pas mal ce film. = ...

4 Complétez le dialogue avec les mots suivants : *nouveau*, *comédie*, *français*, *voir*, *séance*, *cinéma*. 用给出的词补全对话。

– Je vais au .... avec Tony ce soir, ça te dit ?

– Vous allez .... quel film ?

– Le .... film de Woody Allen.

– C'est un film .... ?

– Non, c'est un film américain. Woody Allen est américain !

– C'est un film d'action ?

– Non, c'est une ....

– Bonne idée ! À quelle heure ?

– À la .... de 20 heures.

– D'accord !

Les mots des activités quotidiennes et des loisirs
日常活动和娱乐活动词汇

5 Associez les activités et les lieux. 将活动和对应的地点连起来。

a On se promène	1 un musée.
b On boit un verre	2 au cinéma.
c On se couche	3 dans une discothèque.
d On voit un film	4 dans un jardin.
e On visite	5 à la maison.
f On danse	6 dans un bar.

6 Classez les activités suivantes dans le tableau : *se lever*, *se coucher*, *boire un verre*, *aller au cinéma*, *prendre le petit déjeuner*, *regarder un film*. 将给出的动词词组填入表中对应的位置。

Le matin		Le soir	
....	....	....	....
....	....	....	....

Les mots...

Du cinéma 电影

voir un film
le nouveau + le nom du film
aller voir + le nom du film
les films d'action/français
une comédie, un drame
les nouveaux/les vieux films
la séance (de 22 h)

Des loisirs 娱乐

aller au cinéma
se promener
boire un verre

Des activités quotidiennes 日常活动

se lever ≠ se coucher

Grammaire 语法

La réponse à une question négative 否定疑问句的回答

7 Complétez avec *oui*, *non* ou *si*. 用 oui、non 或 si 填空。

a – Tu écoutes beaucoup de musique ?
– .... , je n'aime pas la musique.

b – Paul n'aime pas les films d'action ?
– .... , mais il préfère les comédies.

c – Aurélia ne vient pas au restaurant avec nous ?
– .... , elle est avec des amis.

d – Tu n'aimes pas le cinéma ?
– .... , j'adore le cinéma.

e – On va boire un verre ?
– .... , c'est une bonne idée.

f – Amina regarde un film ?
– .... , elle regarde *Intouchables*.

Le futur proche 最近将来时

8 Complétez avec le verbe souligné au futur proche. 将画线动词变为最近将来时形式。

En général, je dîne à la maison, mais, *ce soir*, *je vais dîner* au restaurant.

a L'été, mes parents vont en Espagne, mais cet été, ils .... au Maroc.

b Aujourd'hui, tu bois un verre avec Benoît, mais demain, avec qui tu .... un verre ?

c Ce soir, Claire va au cinéma, mais samedi soir, elle .... au théâtre.

d Nous regardons des films d'action, mais aujourd'hui, nous .... une comédie.

e Le week-end, vous faites une promenade sur les quais, mais ce week-end, où est-ce que vous .... une promenade ?

f Ce midi, je mange chez moi, mais ce soir, je .... chez des amis.

Les verbes pronominaux 代词式动词

9 Associez. 连线。

Je	vous	appelles.
Tu	se/s'	parlons.
Il/Elle/On	nous	lève.
Nous	te/t'	couchez.
Vous	me/m'	retrouvent.
Ils/Elles		appelle.
		promènes.

Grammaire

La réponse à une question négative 否定疑问句的回答

– Tu **n'**aimes **pas** les films d'action ?
– **Si**, (mais je préfère les films français).

Le futur proche 最近将来时

aller (直陈式现在时) + **动词不定式**
On **va voir** *Intouchables*.

Les verbes pronominaux 代词式动词

	se lever		
je	**me**	lève	[lɛv]
tu	**te**	lèves	[lɛv]
il/elle/on	**se**	lève	[lɛv]
ils/elles	**se**	lèvent	[lɛv]
nous	**nous**	levons	[ləvɔ̃]
vous	**vous**	levez	[ləve]

je **m'** + 元音字母开头的动词：
je m'appelle, tu t'appelles, il/elle s'appelle

Communiquer 交际

Pour s'informer et parler des goûts 询问 / 谈论喜好

10 Mettez les mots dans le bon ordre et posez les questions à un autre étudiant. 将下面的词重新排序组句，向同学提出问题。

a le aimez vous cinéma ?

....

b comédies les préférez les d'action vous ou films ?

....

c visitez des vous musées souvent ?

....

d n' musique de écoutez vous pas beaucoup ?

....

e à vous la allez discothèque ?

....

f allez au vous restaurant beaucoup ?

....

Pour faire un commentaire positif/négatif 做出正面 / 负面评价

11 Dites ce que vous pensez : 说说你的看法。

a des vieux films en noir et blanc.

b des drames.

c des films d'action.

d des comédies.

e des films français.

f des films de votre pays.

12 Lisez le message, puis écrivez la réponse. 读消息并回复。

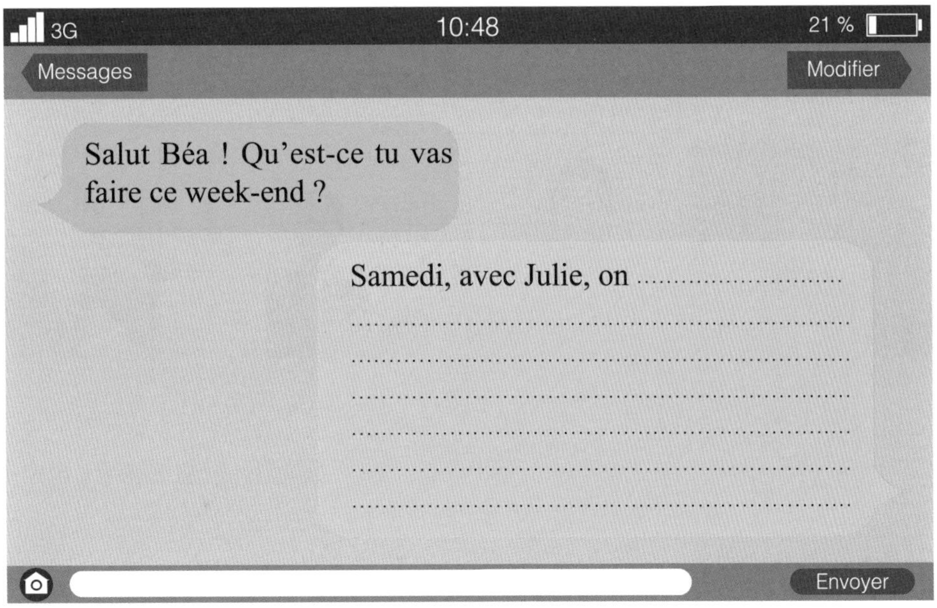
3G
10:48
21 %
Messages
Modifier
Salut Béa ! Qu'est-ce tu vas faire ce week-end ?
Samedi, avec Julie, on
Envoyer

Phonétique 语音

13 Écoutez et trouvez la bonne phrase. 听录音，找出对应的句子。 47

a J'vais faire les courses. ....

b J'me promène. ....

c J'm'appelle Hugo. exemple

d J'suis français. ....

e J'sais pas. ....

f J'préfère les films. ....

Leçon 18

Comprendre 理解

La description physique 外貌描写

1 Lisez l'annonce et répondez aux questions. 读下面的广告，回答问题。

a Le magasin Vêt'mode recherche des personnes pour :

- ☐ faire des vêtements.
- ☐ tourner un film.
- ☐ faire des photographies.

b Qui peut participer ?

- ☐ Antoine (75 ans, mince).
- ☐ Habib (22 ans, 1 m 65).
- ☐ Francesca (69 ans, mince).
- ☐ Umberto (25 ans, 1 m 93).

c Pour répondre à l'annonce :

- ☐ on écrit un mail à M. Herblin.
- ☐ on téléphone à M. Herblin.
- ☐ on écrit une lettre à M. Herblin.

Annonce N° 65723

Magasin de vêtements recherche deux personnes pour photos de mode :
• un jeune homme (20-30 ans), petit avec les cheveux châtains.
• un homme âgé (65 ans), taille moyenne, cheveux gris, mince.

Contact : 06 52 12 20 18 avant 20 heures
M. Herblin
Vêt'mode
Allée de l'Espoir
36000 Châteauroux

2 Écoutez. Associez chaque dialogue à une image. 听录音，将对话和对应的图片连起来。 48

a N° ....

b N° ....

c N° ....

3 Identifiez et entourez la personne décrite (activité 2). 在上面的图片里圈出练习2录音中描述的人物。

Pour...

→ Décrire quelqu'un 描写人物

Il/Elle est...
Il est grand ; elle est élégante ; elle est actrice.
C'est un/une...
C'est une femme élégante ; c'est une actrice élégante.
Il/Elle a + les cheveux/yeux...
Il/Elle a + âge : Il a 35 ans.

Les mots...

La description physique 外貌描写

être : jeune ≠ âgé(e)
petit(e) ≠ grand(e)   mince ≠ rond(e)
beau (belle) / élégant(e) ≠ laid(e)
brun(e) ≠ blond(e)
avoir les cheveux :
bruns ≠ blonds ≠ châtains ≠ gris ≠ blancs

Vocabulaire 词汇

Le corps 身体

4 **Entourez les 10 parties du corps.** 圈出 10 个身体部位的名称。

B	R	A	S	P	W	E	Z
A	J	C	K	I	E	Y	P
C	A	R	T	E	T	E	O
H	M	F	A	D	D	U	I
E	B	E	F	F	V	X	T
V	E	S	M	A	I	N	R
E	R	S	H	G	I	X	I
U	V	E	N	T	R	E	N
X	S	S	I	J	J	W	E

5 **Notez les 10 parties du corps (activité 4) sur la photo.** 将练习 4 的 10 个身体部位名词填写到照片上的对应位置。

La description physique et le caractère 外貌及性格描写

6 **Écoutez l'exemple et transformez.** 听录音，仿照示例进行转换。 49

Il est intelligent ? / stupide → Non, il n'est pas intelligent. Il est stupide.

Les mots...

Du corps 身体

la tête
la main
la jambe
les fesses
la poitrine
les cheveux
le bras
le pied
le ventre
les yeux

Du caractère 性格

être : sympathique (sympa)
joyeux (joyeuse)
courageux (courageuse)
stupide
modeste
heureux (heureuse) ≠ triste
sérieux (sérieuse), intelligent(e) ≠ bête
agréable ≠ désagréable

Grammaire 语法

Les adjectifs possessifs au pluriel 复数形式的主有形容词

7 Complétez avec un adjectif possessif. 用主有形容词填空。

– .... femme et moi, nous avons deux filles. Bénédicte a 8 ans, c'est une petite fille toujours joyeuse. .... passion, c'est le cinéma. .... acteurs préférés sont Brad Pitt et Matt Damon. .... deuxième fille a 14 ans. Éva adore le sport. .... deux enfants sont vraiment agréables. À l'école, ... amis les adorent. .... mère et moi, nous sommes très heureux ! Et toi, ... enfants s'appellent comment ?

– .... enfants s'appellent Clélie et Jean.

Place et accord de l'adjectif 形容词的位置和性数配合

8 Complétez les phrases avec les adjectifs de la liste. Faites les accords. 用给出的形容词填空并注意性数配合。

grand – chinois – jeune – bleu – grillé – bon – brésilien – petit

a Nos amis habitent dans une .... maison .... de 200 m^2.

b Miam ! Un .... saumon .... ! Bon appétit !

c *Le Pékin Express* est un .... restaurant ....

d Ces trois .... femmes .... sont très sympathiques.

Communiquer 交际

Pour décrire quelqu'un 描写人物

9 Complétez avec *c'est* ou *il/elle est*. 用 c'est 或 il/elle est 填空。

Ce sont mes parents sur cette photo. Ici, ... Benoît, mon père. Il a 35 ans et .... journaliste. Là, ... ma mère, Fatima. Une femme sympathique et courageuse. Elle est professeur. .... belle, non ? Et là, ... moi avec mon frère, Jules. .... étudiant. Et là, ... un ami américain : Rafael. .... très intelligent.

Grammaire

Les adjectifs possessifs au pluriel 复数形式的主有形容词

- **mes, tes, ses**
  mes personnalités préférées, tes amis, ses enfants
- **nos, vos, leurs**
  nos amis, vos personnalités préférées, leurs films

Place et accord de l'adjectif 形容词的位置和性数配合

- 品质形容词修饰名词，一般位于名词之后。C'est un homme **élégant**.

❗ jeune、bon和beau位于名词前：un **bel** homme。

- 形容词变阴性一般是在词末加字母**e**。Il est grand. → Elle est gran**de**.
  此时字母**e**不发音，但是其前的辅音字母发音。

❗ 以字母e结尾的形容词阴阳性同形。Il est jeune. → Elle est jeune.

❗ bon → bonne beau → belle courageux → courageuse

- 形容词变复数一般是在词末加字母**s**。
  Ils sont élégant**s**. → Elles sont élégante**s**.
  此时字母**s**不发音。

10 **Choisissez une personne de votre famille et entourez cinq adjectifs qui la caractérisent. Complétez avec deux autres adjectifs de votre choix.** 请你选择一名家人，从下面的形容词中圈出五个可以描写他 / 她的，再另找两个作为补充。

triste sympathique âgé élégant mince intelligent beau blond grand bête laid désagréable sérieux jeune rond modeste courageux châtain brun petit ....

11 **Avec les adjectifs de l'activité 10, décrivez la personne de votre famille (le physique, le caractère).** 用练习 10 中给出的形容词描写这名家人（外貌、性格）。

Il/Elle s'appelle ....

....

12 **Deux femmes parlent de leur physique et de leur caractère. Observez les dessins puis imaginez les paroles et utilisez un maximum d'adjectifs positifs ou négatifs.** 两位女士介绍自己的外形和性格。观察下图，想象她们的描述，尽可能多地用上表示正面或负面意义的形容词。

a Moi, je suis belle, ... ,
.... , ... ,
.... , ...
et modeste !

b Moi, je suis laide, ... ,
.... , ... ,
.... , ...
et stupide !

Phonétique 语音

13 **Lisez le texte. Transformez le texte au féminin.** 读小短文，将主人公转换为女性，改写短文。

Dominique est un homme âgé. Il est grand et mince. Il est beau et élégant. Il a les cheveux gris.

Dominique est une femme...

14 **Écoutez pour vérifier.** 听录音，检查答案是否正确。 50

Leçon 19

Comprendre 理解

Le passé, le présent, le futur 过去、现在、未来

1 Écoutez et choisissez. 听录音，选择正确答案。 51

	Situation passée		Situation présente		Situation future	
a			✘	*je cherche*		
b						
c						
d						
e						
f						

Vocabulaire 词汇

Les mots de la relation amoureuse 恋爱关系词汇

2 Retrouvez les verbes de la relation amoureuse.
用恋爱关系词汇完成填词游戏。

Pour...

→ Situer dans le temps 确定时间

en + année : en 1980
en + mois + année : en août (19)95
X ans après : 5 ans après
à la fin de... : à la fin de ses études
d'abord..., puis..., enfin... : Il est d'abord parti en Afrique, puis en Asie. Enfin, il est rentré en France.

Les mots...

De la relation amoureuse 恋爱关系

une histoire d'amour
se rencontrer
s'aimer
se quitter
se marier
se retrouver

3 Classez les verbes de l'activité 2 dans le tableau. 将练习 2 中的动词填入下表。

☺
....
....
....
....
☹
....
....
....
....

4 Corrigez le texte quand c'est nécessaire. 修改下面表述错误的句子。

Amina et Philippe se sont ~~aimés~~ *rencontrés*  en 2005 à Paris.

a Ils se sont rencontrés ....  en 2006,

b puis ils se sont retrouvés .... 

en 2007.

c Un jour, ils se sont quittés ....  dans un restaurant à Toulouse ;

d ils se sont mariés ....  pour la deuxième fois un an après.

Grammaire 语法

Le participe passé 过去分词

5 Mettez les verbes au participe passé et classez-les dans le tableau. 将下列动词的过去分词分类填入表中。

aller – prendre – être – devenir – quitter – choisir – avoir – venir – habiter – vouloir – plaire – rencontrer

« é »	« i » – « is »	« u »
allé	....	....
....	....	....
....	....	....
....	....	....
....	....	....

Le passé composé pour raconter 用于讲述的复合过去时

6 Conjuguez les verbes entre parenthèses au passé composé. 将括号中的动词变位为复合过去时形式。

a Chloé .... Bourges en 2004. (quitter)

b Simon et Marie .... une belle maison. (louer)

c Tu .... mon ami Vincent ? (rencontrer)

d Victor et Benjamin .... à midi. (arriver)

e Stéphanie et Coralie .... 30 ans hier. (avoir)

f Madame, vous .... architecte en quelle année ? (devenir)

g Je .... dans un bar pour boire un verre. (sortir)

h Je .... le bus pour aller à l'école. (prendre)

7 Écoutez l'exemple et continuez. 听录音，仿照示例继续做练习。 (52)

Aujourd'hui, je mange au restaurant. / Hier aussi, j'ai mangé au restaurant.

Grammaire

Le passé composé pour raconter 用于讲述的复合过去时

- **avoir（直陈式现在时）+ 过去分词**

louer

j'ai loué	nous avons loué
tu as loué	vous avez loué
il/elle/on a loué	ils/elles ont loué

- **être（直陈式现在时）+ 过去分词**

此类动词包括代词式动词和venir/aller、devenir、rentrer、rester、arriver/partir、entrer/sortir、monter/descendre、passer、tomber、naître/mourir 等不及物动词。

- **过去分词**

er → é: quitter → quitté

- 其他动词 → i、is、u

choisir → choisi   prendre → pris

devenir → devenu

❗ être → été   avoir → eu [y]

faire → fait

Communiquer 交际

Situer dans le temps 确定时间

8 **Observez la bande dessinée et racontez la vie amoureuse du couple. Utilisez les verbes *s'aimer*, *se rencontrer*, *se marier*, *se quitter*, *se retrouver* et les expressions de temps.** **观察漫画图片，讲述这对情侣的生活。用上动词 s'aimer、se rencontrer、se marier、se quitter、se retrouver 和相关的时间表达。**

Hervé et Lina se sont rencontrés en ....
....
....
....
....

9 **Dessinez et imaginez la suite de l'histoire de Lina et Hervé (activité 8).** **想象并画出练习 8 中 Lina 和 Hervé 的后续故事。**

....
....
....
....
....

10 **Hier, vous avez passé la journée avec votre célébrité préférée. Racontez.** **昨天，你与最喜欢的一位名人度过了一天。请讲述。**

Hier, d'abord, je ....
Puis ....
Enfin, ...

Phonétique 语音

[i] – [y] – [u]

11 **Écoutez et écrivez « i » quand vous entendez [i], « u » quand vous entendez [y] et « ou » quand vous entendez [u].** **听录音，当听到 [i] 音时写字母 i，听到 [y] 音时写 u，听到 [u] 音时写 ou。** 53

Anouk a rencontré Arth.....r à la fin de ses ét.....des. Il n'a pas v.....l..... part.....r avec elle en Afr.....que. Aujourd'hu....., elle est reven.....e à T.....l.....se. Elle a rendez-v.....s avec Arth.....r. Elle a chois..... une jol.....e robe et elle a pr.....s le b.....s.

Bilan

1 Lisez les SMS de Greg et Cloé et cochez les réponses correctes. 阅读 Greg 和 Cloé 的短信，选择正确答案。

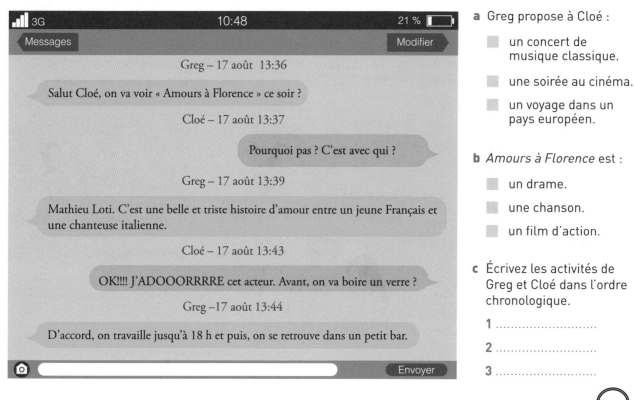

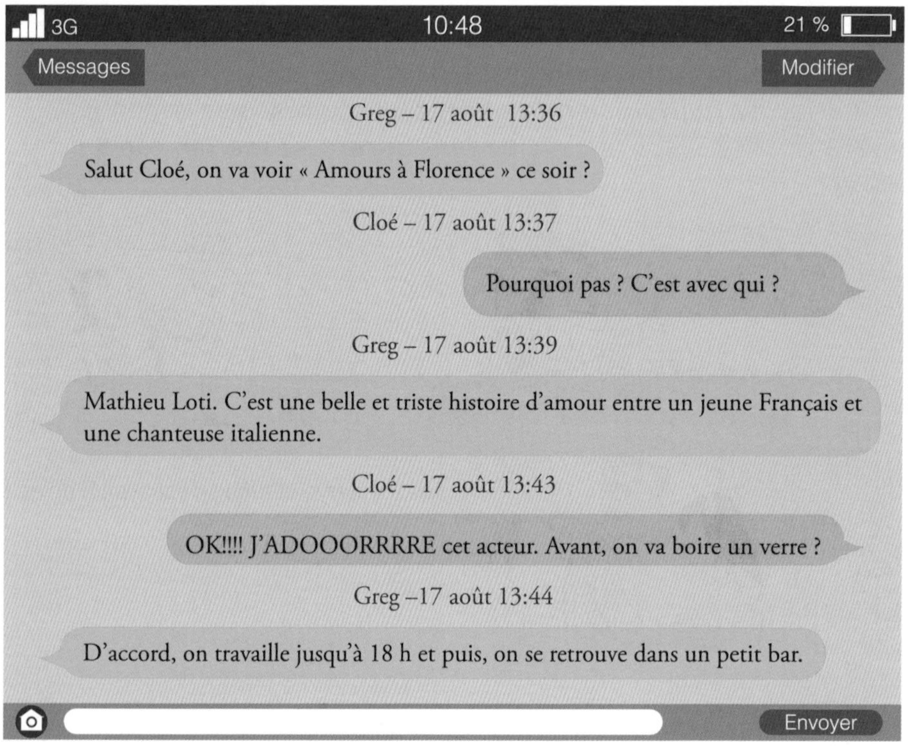
3G
10:48
21 %
Messages
Modifier
Greg – 17 août 13:36
Salut Cloé, on va voir « Amours à Florence » ce soir ?
Cloé – 17 août 13:37
Pourquoi pas ? C'est avec qui ?
Greg – 17 août 13:39
Mathieu Loti. C'est une belle et triste histoire d'amour entre un jeune Français et une chanteuse italienne.
Cloé – 17 août 13:43
OK!!!! J'ADOOORRRRE cet acteur. Avant, on va boire un verre ?
Greg –17 août 13:44
D'accord, on travaille jusqu'à 18 h et puis, on se retrouve dans un petit bar.
Envoyer

a Greg propose à Cloé :

- ☐ un concert de musique classique.
- ☐ une soirée au cinéma.
- ☐ un voyage dans un pays européen.

b *Amours à Florence* est :

- ☐ un drame.
- ☐ une chanson.
- ☐ un film d'action.

c Écrivez les activités de Greg et Cloé dans l'ordre chronologique.

1 ....

2 ....

3 ....

2 Écoutez et cochez l'image qui correspond. 听录音，选择对应的图片。 54

Au bar, Greg et Cloé parlent du film *Amours à Florence*.

a ☐ 

b ☐ 

c ☐ 

3 Écoutez et complétez le tableau. 听录音，填写表格。 55

	Dans *Amours à Florence*,	
	il/elle aime	il/elle n'aime pas
Greg	....	....
Cloé	....	....

4 Répondez : Quelle est la proposition de sortie de la semaine prochaine ? 回答问题：下周的出行提议是什么？

Greg : .... Cloé : ....

5 Greg et Cloé parlent de leurs préférences. Jouez le dialogue. Greg 和 Cloé 在讨论他们的偏好。请表演对话。

Greg

Acteurs préférés : Jean Dujardin, Omar Sy

Actrice préférée : Marion Cotillard

Films préférés : *Intouchables*, *La môme*

Cloé

Acteur préféré : Gérard Depardieu

Actrices préférées : Audrey Tautou, Catherine Deneuve

Film préféré : *Amélie Poulain*

6 Cloé est rentrée chez elle après le cinéma. Elle écrit dans son journal personnel. Complétez. 看完电影后 Cloé 回了家。她在写日记。请帮她写完。

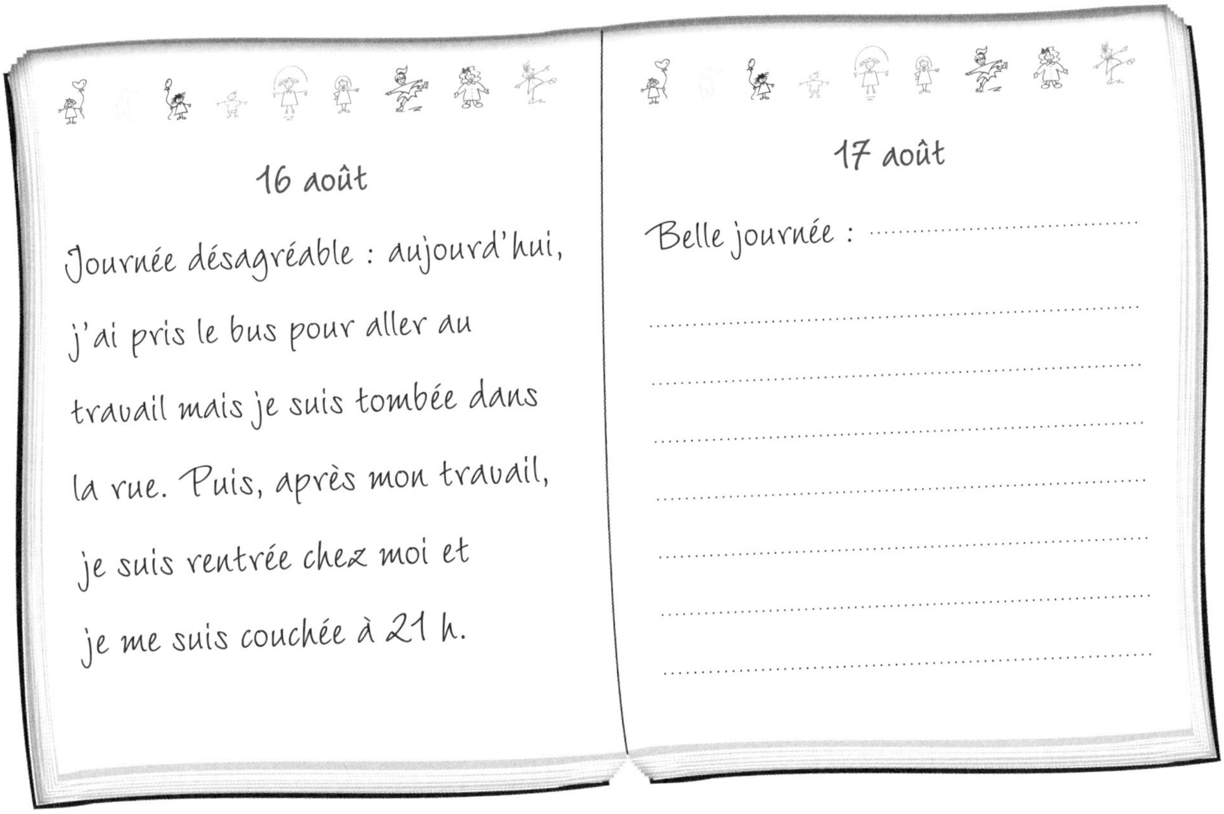
16 août
Journée désagréable : aujourd'hui, j'ai pris le bus pour aller au travail mais je suis tombée dans la rue. Puis, après mon travail, je suis rentrée chez moi et je me suis couchée à 21 h.
17 août
Belle journée : ……

7 Greg est rentré chez lui. Amir, un ami, lui téléphone. À l'oral, répondez à ses questions. Greg 也回到了自己家。他的朋友 Amir 打来电话。口头回答以下问题。

Amir : Salut Greg ! Ça va ?

Greg : ...

Amir : Qu'est-ce que tu as fait aujourd'hui ?

Greg : ...

Amir : C'est qui Cloé ?

Greg : ...

Amir : Elle est comment ?

Greg : ...

Amir : Et vous avez vu quel film ?

Greg : ...

Amir : C'est un bon film ?

Greg : ...

Amir : Et ton amie, Cloé, elle n'a pas aimé ?

Greg : ...

Amir : Et Cloé, tu vas la revoir bientôt ?

Greg : ...

Dossier 6 Études

Leçon 21

Comprendre 理解

Un événement en relation avec les études 与学业有关的事件

1 Écoutez et choisissez vrai ou faux. 听录音，判断正误。 56

	Vrai	Faux
a Camille et Fred sont étudiants.		
b Ils vont passer des examens.		
c Camille a raté une matière.		
d Fred a réussi une matière.		
e Camille et Fred vont repasser des examens en septembre.		
f Fred a voyagé en Amérique du Sud il y a un an.		

2 Lisez et corrigez les informations du schéma. 读短文，修改时间轴。

Baptiste est arrivé à Paris en 2003. Pendant 3 ans, il a étudié à l'université. Il a obtenu une Licence de portugais en 2006 puis il a décidé de voyager au Brésil pendant 6 mois. Quand il est rentré en France, il a travaillé comme serveur dans un restaurant puis il a passé un examen pour devenir traducteur de français-portugais. Il a réussi l'examen et aujourd'hui, il travaille à l'ambassade du Portugal en France.

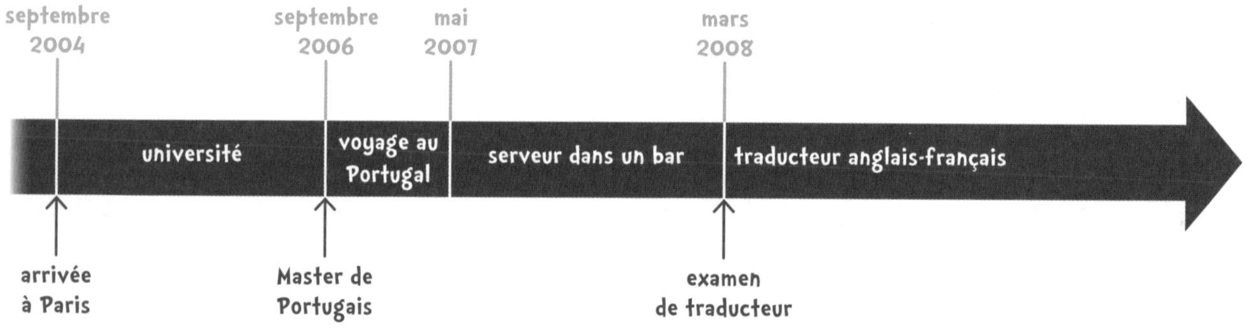

Pour...

→ **Raconter un événement 讲述事件**

Je n'*ai* pas *eu* la moyenne.

→ **Situer une action dans le passé 讲述过去发生的动作**

Hier, je suis allée au secrétariat.
Tu as raté tes examens, *il y a longtemps*.

Pour...

→ **Exprimer la durée 表述时间段**

pendant les vacances/trois mois

→ **Exprimer la surprise 表达惊讶**

C'est pas vrai !

→ **Parler de ses éudes 谈论学业**

Je suis *en* Licence de Lettres.

3 Lisez et complétez le schéma. 读下面短文，补全时间轴。

Marta est une étudiante colombienne qui étudie à Lyon. Elle est arrivée en France en 2009 et elle s'est inscrite à la faculté de médecine de Lyon. Malheureusement, elle n'a pas réussi les examens de première année. Elle a arrêté ses études en mai 2010 puis, pendant 2 ans, elle a travaillé dans une pharmacie de Lyon. Pendant l'été 2011, elle est rentrée dans son pays pour se marier. Aujourd'hui, elle est en première année de biologie.

Vocabulaire 词汇

Les mots des études 与学业有关的词汇

4 Associez. 连线。

Rater ▢
Réussir ▢
Suivre ▢
Passer ▢
Réviser ▢

▢ un cours
▢ un examen

5 Quelles expressions de l'activité 4 correspondent aux images ? 下列图片对应练习 4 中的哪些表达？

a ▢ ....

b ▢ ....

c ▢ ....

6 Complétez avec *lycée*, *semestre*, *Licence*, *matières*, *Master* et *fac*. 用给出的词填空。

a Les élèves de 15 à 18 ans vont au ....
b Après, ils peuvent étudier à la ....
c Trois années à l'université, c'est la ....
d La sociologie, l'économie sont des ....
e D'octobre à janvier, c'est le premier ....
f Cinq années à l'université, c'est le ....

Les mots...

Des études 学业

un relevé de notes
un semestre
une matière
un cours
le lycée

la fac (la faculté)
être à l'université
une Licence
un Master
réviser un examen

(re)passer (un examen)
rater ≠ réussir
travailler
suivre (un cours)
avoir la moyenne

Grammaire 语法

Le passé composé 复合过去时

7 Remettez les mots dans l'ordre. 将词语重新排序。

a le sont dans pas se promenées elles parc ne ......

b t' après es le couché tu dîner ......

c se et 22 h Marie quittés à sont Pierre ......

d me sortir suis habillé je pour ......

e retrouvés nous le sommes devant nous cinéma ......

f vous pas levés vous tôt ne êtes ......

8 Complétez le dialogue avec les verbes au passé composé. 用动词的复合过去时形式填空。

– Salut Madeleine. Alors ? *Tu as réussi* (réussir) ton semestre ?

– Oui, je ...... (aller) à la fac cet après-midi et j'...... (voir) mes résultats. Je suis très contente parce que j'...... (réussir) toutes les matières.

– Félicitations ! Tu ...... (bien travailler) cette année ! Tu ...... (sortir) avec tes amis pour fêter les résultats ?

– Non, j'...... (retrouver) ma mère et nous ...... (se promener) près de l'université. Et toi, tu ...... (voir) tes notes ?

–Oui, j' ...... (rater) deux matières sur cinq. Je suis triste mais c'est normal : je ...... (ne pas se préparer) pour l'examen. Cet été, je vais beaucoup travailler.

La négation au passé composé 复合过去时的否定结构

9 Complétez avec la forme négative. 用动词的否定形式填空。

Non, *il n'est pas venu avec Claire*, il est venu avec Sophie.

a Non, je ...... à 8 h, je me suis levé à 7 h.

b Non, elle ...... avec Sylvain, elle s'est promenée avec Romain.

c Non, vous ...... jeudi, vous avez travaillé mercredi.

d Non, ils ...... au cinéma, ils se sont retrouvés au café.

e Non, nous ...... à 23 h, nous nous sommes quittés à 22 h.

f Non, tu ...... en cours le matin, tu es allé en cours l'après-midi.

Grammaire

Le passé composé 复合过去时

复合过去时用来讲述过去已经发生的事件或完成的动作。
J'ai réussi deux matières.
代词式动词的复合过去时以être为助动词，过去分词需与主语保持性数一致。
Je ne me suis pas promenée.
Vous vous êtes promenés ?

La négation au passé composé 复合过去时的否定结构

ne和**pas**分别位于助动词的前后。
Tu as travaillé. → Tu **n'**as **pas** travaillé.
Je me suis promené. → Je **ne** me suis **pas** promené.

Communiquer 交际

Pour raconter un événement 讲述事件

10 Emeline a reçu son relevé de notes. Imaginez le dialogue avec sa mère et/ou son père sur ses résultats. Emeline 拿到了她的成绩单。想象她与母亲及/或父亲谈论成绩的对话。

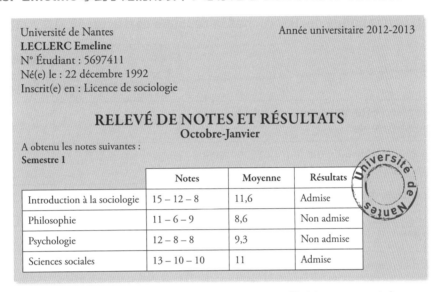

Université de Nantes
LECLERC Emeline
N° Étudiant : 5697411
Né(e) le : 22 décembre 1992
Inscrit(e) en : Licence de sociologie

Année universitaire 2012-2013

RELEVÉ DE NOTES ET RÉSULTATS
Octobre-Janvier

A obtenu les notes suivantes :
Semestre 1

	Notes	Moyenne	Résultats
Introduction à la sociologie	15 – 12 – 8	11,6	Admise
Philosophie	11 – 6 – 9	8,6	Non admise
Psychologie	12 – 8 – 8	9,3	Non admise
Sciences sociales	13 – 10 – 10	11	Admise

Université de Nantes

11 Vous avez passé un examen important. Hier, vous êtes allé(e) à l'université pour voir les résultats. Écrivez un mail à vos parents pour raconter la journée avec les verbes de la liste. 你参加了一场重要的考试。昨天，你去学校看成绩。请给父母写邮件，用给出的动词向他们讲述昨天的经历。

fêter – aller à la fac – réussir – se coucher – se promener – regarder – téléphoner – se lever

Message Options
Envoyer Calibri 14 Joindre Image Signatures Lien hypertexte Priorité élevée Priorité faible Vérifier les noms

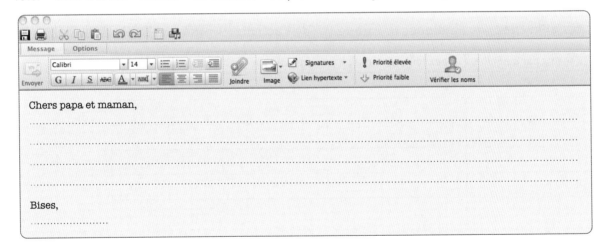

Chers papa et maman,

....

....

....

....

Bises,

....

Phonétique 语音

[ɑ̃] – [ɛ̃]

12 Écoutez et transformez comme dans l'exemple. 听录音，仿照示例进行转换。 57

Ils sont trente ou cinq ? → *Pas trente, cinq !*

a Ils sont trente ou quinze ?

b Ils sont quarante ou vingt ?

c Ils sont soixante ou quatre-vingts ?

d Ils sont cent ou un ?

e Ils sont soixante-dix ou quatre-vingt-dix ?

f Ils sont cinquante ou cinquante et un ?

Leçon 22

Comprendre 理解

Un souvenir de vacances 假期回忆

1 Lisez le texte et, pour chaque partie, cochez la réponse correcte. 读短文，选择每句对应的类型。

		La personne	
		raconte un souvenir	décrit une situation passée
a	Quand j'étais enfant, l'été, nous partions en vacances chez mes grands-parents.	✗	
b	Toute la famille se retrouvait dans leur grande maison à la campagne, près de Nantes.		
c	Il y avait mes oncles, mes tantes, mes cousins et mes cousines.		
d	Nous étions 18 !		
e	Nous faisions des promenades, des jeux.		
f	Deux fois par semaine, nous allions à la mer.		
g	C'était bien !		

La fréquence 频次

2 Écoutez et cochez pour indiquer la fréquence de l'activité. 听录音，选择每项活动的频次。 58

	une fois par semaine	deux fois par semaine	une fois par an	deux fois par an
	✗			
a				
b				
c				
d				

Pour...

→ **Raconter un souvenir 讲述回忆**

On *avait* du mal à dormir.

→ **Indiquer la chronologie 说明时间顺序**

Après la baignade, nous déjeunions.
Avant le déjeuner, nous nous baignions.

→ **Indiquer la fréquence 说明频次**

deux fois par jour/semaine/mois/an

Les mots...

Des moyens de transport 交通工具

le train (le TGV) le bateau
la voiture l'avion le vélo

Des types d'hébergement 住宿类型

la location (le gîte) l'hôtel le camping

Des lieux 地点

la mer la montagne
la campagne la ville

Des activités 活动

la baignade / se baigner
la promenade / se promener
la marche / marcher
la visite / visiter

Vocabulaire 词汇

Les mots des moyens de transport, des types d'hébergement et des lieux 与交通工具、住宿类型和地点有关的词汇

3 Associez les personnes et les photos. 将人物与对应的图片连起来。

Mathieu : Quand j'étais enfant, on partait en vacances à la mer. Le voyage en voiture était long ! On faisait du camping.

Clara : Nous, on allait à la montagne. On prenait le train et on habitait dans un gîte.

Flavia : Mes parents préféraient visiter des grandes villes d'Europe. On prenait l'avion et on allait à l'hôtel.

a

b

c

d

e

f

	Photos
Mathieu	....
Clara	....
Flavia	....

Les mots des activités 与活动有关的词汇

4 Retrouvez les activités de vacances et écrivez le verbe correspondant à chaque activité.
将假期活动的词补充完整，写出对应的动词。

a La b _ _ _ _ _ _ e → .... **c** La m _ _ _ _ e → ....

b La p _ _ _ _ _ _ _ e → .... **d** La v _ _ _ _ e → ....

Grammaire 语法

L'imparfait 未完成过去时

5 Reliez puis prononcez. 连线并朗读。

Je	[vulɛ]	Nous
Tu	[vuljɔ̃]	Vous
Il/Elle/On	[vulje]	Ils/Elles

6 Complétez avec les verbes à l'imparfait. 用动词的未完成过去时形式填空。

a Quand tu .... (être) jeune, tu .... (faire) du sport ?

b L'été, nous .... (aller) en vacances à la montagne, c'.......................... (être) bien !

c Mes parents .... (travailler) en été, alors je .... (partir) en vacances chez mes grands-parents.

d Où est-ce que vous .... (aller) à l'école quand vous .... (être) petits ?

e Après le déjeuner, on .... (se promener) ou on .... (lire).

f Au restaurant, mon frère .... (prendre) toujours une glace et moi, je .... (manger) une crêpe.

La chronologie 时间顺序

7 Transformez les phrases et utilisez *avant* ou *après*. 用 avant 或 après 改写句子。

D'abord on se baignait, ensuite on déjeunait.
→ *Avant le déjeuner, on se baignait.*

a D'abord on dînait, ensuite on faisait une promenade dans la ville.

→ Après ....

b D'abord on déjeunait, ensuite on marchait dans la montagne.

→ Après ....

c D'abord on faisait une sieste, ensuite on se promenait.

→ Avant ....

d D'abord on visitait des musées, ensuite on faisait du vélo.

→ Après ....

e D'abord on jouait aux raquettes, ensuite on se baignait.

→ Avant ....

Grammaire

L'imparfait 未完成过去时

用法

- 描述过去持续性的动作或习惯性的动作。
  On achetait un chichi. Nous déjeunions.
- 描写过去持续的状态。
  Quand j'étais petit. = J'étais un enfant.
  On ne s'ennuyait pas. C'était bien !

构成

复数第一人称直陈式现在时的词根（去掉ons）+ **ais/ait/aient/ions/iez**

nous allons	**all**	
j'/tu	**allais**	[ɛ]
il/elle/on	**allait**	[ɛ]
ils/elles	**allaient**	[ɛ]
nous	**allions**	[jɔ̃]
vous	**alliez**	[je]

❗ **être**

j'/tu **é**tais
il/elle **é**tait — ils/elles **é**taient
nous **é**tions — vous **é**tiez

Communiquer 交际

Raconter un souvenir 讲述回忆

8 Écrivez un récit de vacances. Vous devez utiliser les mots suivants : *une robe rouge, un stylo, mercredi, un saumon grillé, trois.* 用给出的词写一个假期故事。

9 À l'oral, racontez vos souvenirs. Commencez par « Quand j'avais 12 ans... ». 口头讲述回忆。以 "Quand j'avais 12 ans..." 开头。

Indiquer la chronologie et la fréquence 说明时间顺序和频次

10 Quand vous étiez enfant, quelles activités faisiez-vous ? Dans quel ordre ? À quelle fréquence ? 你幼时日常活动有哪些？是怎样的时间顺序？频次是多少？

Phonétique 语音

[ɛ̃] – [ɑ̃] – [ɔ̃]

11 Écoutez et écrivez « in » quand vous entendez [ɛ̃], « an » quand vous entendez [ɑ̃] et « on » quand vous entendez [ɔ̃]. 听录音，听到 [ɛ̃] 时写 in，听到 [ɑ̃] 时写 an，听到 [ɔ̃] 时写 on。 59

Quand j'étais petit, nous parti.......s en vac.......ces à la m.......tagne. Le mat......., nous nous promeni.......s.

Le soir, nous dîni.......s au restaur.......t. C'était en mille neuf cent quatre-v.......gt. J'avais c.......q ....s.

Leçon 23

Comprendre 理解

Un conseil ou une instruction 建议或指示

1 Écoutez et choisissez les phrases qui donnent un conseil ou une instruction.
听录音，选出表示建议或指示的句子。

60

	a	b	c	d	e	f
✗						

2 Le professeur parle de quoi ? Trouvez dans la liste. 老师在说什么？请选择。

les pronoms compléments directs – la négation – le passé composé – l'imparfait – les « s » du pluriel – ~~les mots « avant » et « après »~~

Vous les utilisez pour situer dans le temps : *les mots « avant » et « après »*

a Vous les écrivez mais vous ne les prononcez pas : ....

b Vous l'utilisez pour raconter un événement passé, terminé et limité dans le temps : ....

c Vous la placez avant et après le verbe : ....

d Vous le formez avec -ais/-ait/-ions/-iez/-aient : ....

e Vous les placez avant le verbe : ....

3 Remettez le dialogue dans l'ordre. 将下列句子重新排序组成对话。

...... – Oui, c'est ça. Et vous envoyez le tout par la Poste.

...... – Bonjour monsieur. Je voudrais m'inscrire en Licence dans votre université. Qu'est-ce que je dois faire ?

...... – Au revoir mademoiselle.

...... – Vous devez d'abord compléter le formulaire d'inscription.

...... – Votre diplôme de fin d'études secondaires.

...... – Très bien. Merci. Au revoir.

...... – C'est mon diplôme de bac, c'est ça ?

1 – Université de Nantes, bonjour.

...... – D'accord. Quels documents vous demandez avec ce formulaire ?

Pour...

→ Donner des conseils, des instructions 给出建议或指示

devoir + 动词不定式 : Vous devez lire les instructions.
il faut/il ne faut pas + 动词不定式 : Il faut/Il ne faut pas écrire la date.

→ Exprimer des besoins 表达需求

avoir besoin de... : J'ai besoin d'un visa.

Les mots...

De l'inscription 注册

s'inscrire
remplir/compléter un formulaire d'inscription
lire les instructions
noter la date dans le cadre
envoyer le formulaire par mail/par la Poste
la signature ; signer

| Vocabulaire 词汇

Les mots de l'inscription 与注册有关的词汇

4 Retrouvez les 9 mots de l'inscription. 找出 9 个和注册相关的词。

B	E	V	R	F	O	K	C	T	U	F
S	L	O	H	O	Y	N	B	L	H	E
I	N	S	C	R	I	P	T	I	O	N
G	N	I	U	M	R	A	X	R	I	V
N	O	G	F	U	J	T	E	E	M	O
A	T	N	A	L	V	W	D	G	S	Y
T	Z	E	R	A	M	B	A	N	U	E
U	I	R	H	I	U	N	O	T	E	R
R	C	T	I	R	L	V	I	G	S	I
E	R	K	R	E	M	P	L	I	R	L
A	H	O	V	Z	T	G	J	F	K	R
C	O	M	P	L	E	T	E	R	Y	N

5 Complétez avec le bon verbe. Conjuguez si nécessaire. 用正确的动词填空。如有必要，请变位。

lire – envoyer – s'inscrire – noter – compléter – signer

POUR .... AUX ACTIVITÉS SPORTIVES.

❶ Allez sur le site www.sortirplus.fr

❷ .... la présentation et choisissez un sport.

❸ .... le formulaire d'inscription.

❹ .... le sport dans le cadre « Mon activité ».

❺ Imprimez le formulaire, ...-le en bas à droite et ....-le par la Poste avant le 13 juin.

Le système universitaire en France 法国的大学教育体系

6 Complétez le schéma avec les expressions ci-dessous. Puis complétez le schéma de votre pays. 用下面给出的表达将左表填写完整。然后将你们国家的情况填写到右表中。

Master – Bac + 5 – Doctorat – Bac + 3 – Licence – Bac + 8

Diplôme	Nombre d'années après le bac

En France

Diplôme	Nombre d'années après le bac

Dans mon pays

Grammaire 语法

Le verbe *devoir* 动词 devoir

7 Complétez avec le verbe *devoir* au présent. 用动词 devoir 的直陈式现在时形式填空。

a Vous *devez* bien parler français pour vous inscrire dans cette école.

b Mado et Carla .... beaucoup réviser.

c Je .... dîner chez ma grand-mère.

d Tu .... prendre une photo.

e Adrien et moi .... parler à Juliette.

f Cathy .... partir demain avant 8 heures.

Les pronoms compléments directs 直接宾语人称代词

8 Écoutez l'exemple et continuez. 听录音，仿照示例继续做练习。 61

Vous notez la date ? → Oui, je la note.

Le présent continu 现在进行时

9 Qu'est-ce qu'ils sont en train de faire ? 他们正在做什么？

a *Il est en train de manger.*

b ....

c ....

d ....

e ....

f ....

Grammaire

Le présent continu
现在进行时

être en train de + 动词不定式

Je suis en train de remplir le formulaire.

	devoir	
je /tu	**dois**	[dwa]
il/elle/on	**doit**	[dwa]
nous	**devons**	[dəvɔ̃]
vous	**devez**	[dəve]
ils/elles	**doivent**	[dwav]
falloir	il **faut**	[fo]

Les pronoms compléments directs (COD) 直接宾语人称代词

直接宾语人称代词le、la、les位于相关动词之前。

❗ 在il faut/il ne faut pas或“*devoir*+动词不定式”句式中，直接宾语人称代词位于不定式之前。

la (l') Vous **la** notez. (Vous notez **la** date.)

le (l') Il ne faut pas **l'**envoyer. (Il ne faut pas envoyer **le** formulaire.)

les Vous **les** envoyez. (Vous envoyez **les** formulaires.)
Je ne **les** comprends pas. (Je ne comprends pas **les** instructions.)

Communiquer 交际

Pour donner des conseils, des instructions 给出建议或指示

10 **Un ami va visiter votre ville. Il aime la cuisine, la nature et la musique. Il n'aime pas l'art, le sport et les lieux très touristiques. Vous écrivez un mail et vous donnez des conseils de visite. 一位朋友要来你的城市游玩。他喜欢烹饪、自然和音乐，不喜欢艺术、体育和太热门的景点。请给他写邮件，提供一些建议。**

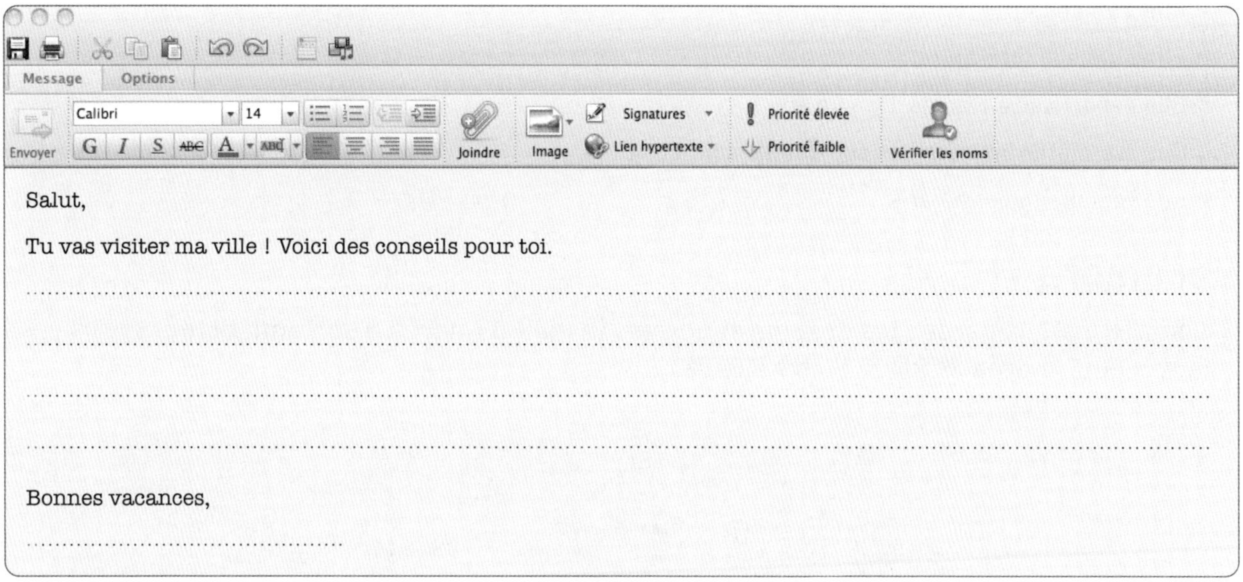

Pour exprimer des besoins 表达需求

11 **Identifiez les besoins pour chaque situation. 找出下面各情境下的需求。**

Je dois appeler un taxi : *j'ai besoin d'un numéro de téléphone, d'une adresse...*

a Je dois remplir un formulaire : j'ai besoin de ....

b Je dois apprendre le français : ....

c Je dois préparer le repas : ....

d Je dois aller sur Internet : ....

e Je dois prendre le métro : ....

f Je dois aller à la plage : ....

Phonétique 语音

[ɑ̃] – [ɛ̃] – [ɔ̃]

12 **Écoutez et répétez de plus en plus vite. 听录音，跟读句子，语速要越来越快。** 62

a Si ton tonton tond ton tonton, ton tonton est tondu !

b Cent étudiants étrangers et français remplissent cent formulaires.

c On comprend ces instructions pour un échange d'étudiants européens.

d Les enfants font enfin des enfants !

Octobre 十月

1 Écoutez et choisissez : vrai ou faux ? 听录音，判断正误。 63

	Vrai	Faux
a C'est une interview.	☐	☐
b Andréa est une étudiante Erasmus.	☐	☐
c Elle est italienne.	☐	☐
d Elle a 25 ans.	☐	☐
e Elle étudie la littérature.	☐	☐
f Elle est arrivée à Nantes il y a un an.	☐	☐
g Ces premières impressions sur Nantes sont positives.	☐	☐
h Elle voulait étudier à Paris.	☐	☐

Décembre 十二月

2 Lisez le mail, regardez les dessins et écrivez le mail d'Andréa à son ami Victor. 读邮件，观察图片，写出 Andréa 发给朋友 Victor 的邮件。

Salut Andréa !

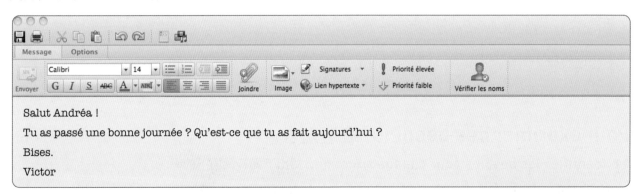

Tu as passé une bonne journée ? Qu'est-ce que tu as fait aujourd'hui ?

Bises.

Victor

Salut Victor !

Ce matin ....

....

....

....

Janvier 一月

3 Observez les relevés de notes et complétez le tableau. 观察成绩单，填写表格。

Université de Nantes
SANCHEZ Andréa
N° Étudiant : 7683461
Inscrit(e) en : Master de sociologie

RELEVÉ DE NOTES ET RÉSULTATS
Octobre-Janvier 2012-2013

A obtenu les notes suivantes :
Semestre 7

	Notes	Moyenne	Résultats
Histoire de la sociologie	15 – 16 – 18	16,3	Admise
Philosophie	12 – 8 – 13	11	Admise

Université de Nantes
LEPISKA Anna
N° Étudiant : 7684486
Inscrit(e) en : Licence de lettres modernes

RELEVÉ DE NOTES ET RÉSULTATS
Octobre-Janvier 2012-2013

A obtenu les notes suivantes :
Semestre 5

	Notes	Moyenne	Résultats
Histoire littéraire 19e et 20e siècles	12 – 15 – 12	13	Admise
Lexicologie	10 – 8 – 6	8	Non admise

		Andréa	Anna
a	Elle étudie	....	....
b	Elle est en	....	....
c	Elle a réussi	....	....
d	Elle a raté	....	....

4 Andréa et Anna parlent de leurs résultats. Jouez le dialogue. Andréa 和 Anna 正在谈论成绩。请表演对话。

– Bonjour Andréa.

– Salut Anna !

– ...

Faits et gestes

1 Associez les photos aux distances. 请选择照片对应的社交距离类型。

1

2

3

a Intime

b Personnelle

c Sociale

4

6

5

2 Lisez la conversation entre Arthur et sa mère et choisissez le bon geste pour accompagner ce qu'ils disent. 读 Arthur 和妈妈的对话，选择对应的肢体语言。

MÈRE : Arthur, tu n'as pas fait tes devoirs ! **a** *geste* ....

ARTHUR : Moi ? **b** *geste* ....

MÈRE : Tu ne peux pas sortir avant de faire tes devoirs ! Allez, va les faire ! **c** *geste* .... Tu en as beaucoup ?

ARTHUR : **d** *geste* .... Mais... je voudrais aller à une fête !

MÈRE : Mmmm... Bon, d'accord.

ARTHUR : Super ! **e** *geste* ....

1

2

3

4

5

Culture

3 Complétez avec les mots de la page 77 du livre. 用学生用书第 77 页上的词完成填字游戏。

Horizontal →

2 Le mot familier pour l'endroit où on peut regarder les films.

5 Nombre de... = La quantité des personnes qui voient le film.

7 Fiche... = Les informations essentielles sur un film.

8 Une personne imaginaire dans l'histoire du film.

9 L'endroit où on s'assoit pour regarder un film.

10 Une grande feuille de papier avec le titre du film et une photo.

Vertical ↑

1 Le nom original de l'invention des frères Lumière.

3 Un type de film sérieux et assez réaliste.

4 ... annonce = Un petit film de 2 ou 3 minutes qui présente un nouveau film au public.

6 Le résumé du film.

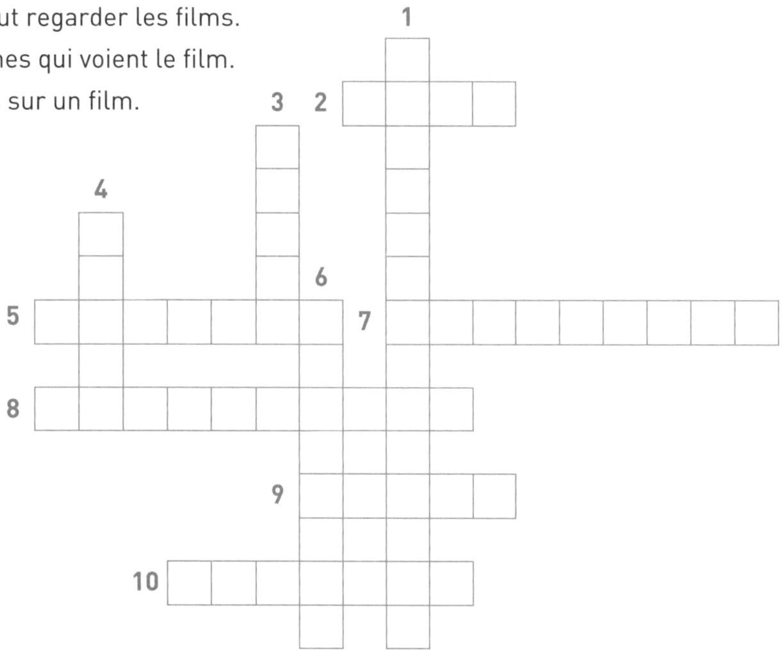

4 Quels lieux culturels parisiens peut-on associer à la Sorbonne (voir vidéo 8) ? 观看视频 8，下列哪些照片让人联想到索邦大学？

1

2

3

4

5

6

5 Dites si ces informations sont vraies ou fausses (vidéo 8 et page 91 du livre). 观看视频 8，对照学生用书第 91 页，判断下面信息的正误。

a À l'origine, on étudiait seulement la religion.

b L'inscription à la Sorbonne est gratuite.

c La Sorbonne a été fondée par Napoléon.

d Il y a des spectacles à la Sorbonne.

e La Sorbonne a dix étages.

f Il y a une bibliothèque à la Sorbonne.

DELF A1

I. COMPRÉHENSION DE L'ORAL 听力理解 25 points

Exercice 1 15 points

Vous avez un message sur le répondeur de votre téléphone. Écoutez le message, répondez aux questions et notez les informations demandées. 你手机的收件箱中有一条留言。请听留言，回答问题并记下回答问题需要的信息。 64

1 Quel est le jour de la fête ? *3 points*

....

2 Qu'est-ce que Julie va préparer en entrée ? *3 points*

....

3 Pour le dessert Julie va faire... *2 points*

a ☐ 

b ☐ 

c ☐ 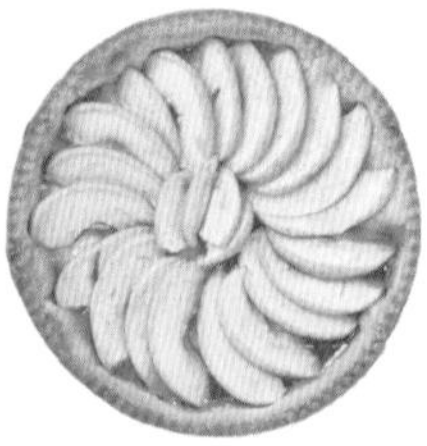

4 Qu'est-ce que vous devez apporter pour la fête ? *2 points*

a ☐ Du pain.

b ☐ Des boissons.

c ☐ Le plat principal.

5 Quel est le numéro de téléphone de Julie ? *2 points*

06 ....

6 Qu'est-ce Julie doit vous donner ? *3 points*

....

....

....

Exercice 2

10 points

Vous allez entendre 5 petits dialogues correspondant à des situations différentes. Regardez les images, écoutez les dialogues et notez le numéro du dialogue sous l'image qui correspond. Attention, il y a 6 images et seulement 5 dialogues !
你将听到 5 个不同情境下的小对话。看图，听对话录音，在每张图下标记出对应的对话编号。请注意：下面有 6 张图片，但是录音中只有 5 个对话！

a Dialogue n° ....

b Dialogue n° ....

c Dialogue n° ....

d Dialogue n° ....

e Dialogue n° ....

f Dialogue n° ....

II. COMPRÉHENSION DES ÉCRITS 阅读理解

10 points

Lisez ce message puis répondez aux questions en cochant (✗) la bonne réponse ou en écrivant l'information demandée. 阅读下面的邮件并回答问题：选择正确答案（✗）或写出被提问的信息。

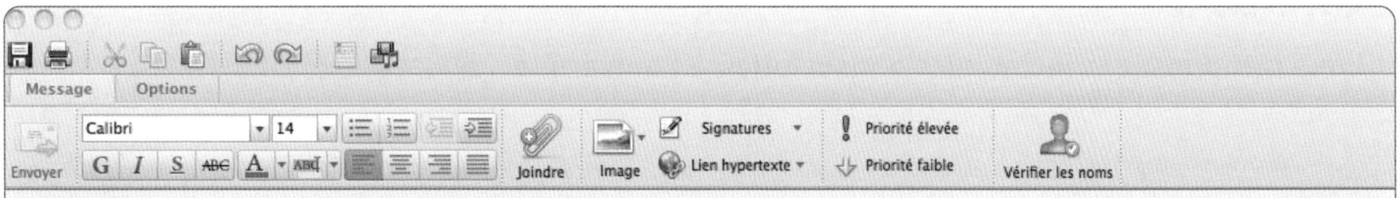

Bonjour !
Nous avons enfin trouvé notre location de vacances pour juillet en Savoie. Eh oui, cette année nous n'allons pas à la mer mais à la montagne. On ne va pas se baigner mais on pense faire de belles randonnées à pied. On ne va pas prendre nos vélos, on préfère marcher ! Et puis nous allons profiter de la bonne gastronomie savoyarde ! On sait déjà dans quel restaurant nous allons aller le soir de notre arrivée dimanche. Bref, on ne va pas s'ennuyer ! On part en voiture, c'est plus long qu'en avion mais c'est plus pratique sur place pour se déplacer.
On essaie de se voir avant notre départ ?
Bises, à bientôt !
Paul et Juliette

1 Paul et Juliette vous écrivent parce qu'ils ? *2 points*

a ☐ vous invitent à partir en vacances avec eux.

b ☐ ont trouvé un hébergement pour leurs vacances.

c ☐ aimeraient avoir des informations sur les vacances en Savoie.

2 Quelle activité pensent-ils faire pendant les vacances ? *2 points*

a 

b 

c 

3 Paul et Juliette veulent surtout profiter de… *2 points*

a la nature. **b** la nourriture. **c** l'hébergement.

4 Qu'est-ce que Paul et Juliette vont faire le soir de leur arrivée ? *2 points*

……

5 Avec quel moyen de transport Paul et Juliette partent-ils en vacances ? *2 points*

a

b

c

III. PRODUCTION ÉCRITE 书面表达 **25 points**

Exercice 1 **10 points**

Vous remplissez le formulaire d'inscription à l'université. 请将大学注册表填写完整。

Vous vous inscrivez en : ……………………………………………… *1 point*

(Exemple : Licence 1 de géographie)

Nom : ……………………………………………… *1 point*

Prénom : ……………………………………………… *1 point*

Lieu de naissance (ville et pays) : ……………………………………………… *2 points*

Date de naissance : ……… / ……… / ……… *1 point*

Adresse en France : ……………………………………………… *1 point*

Code postal : ……………………………………………… *1 point*

Ville : ……………………………………………… *1 point*

Numéro de téléphone : ……………………………………………… *1 point*

Exercice 2

10 points

Vous allez accueillir un ami francophone qui vient faire ses études dans votre pays. Il ne connaît pas votre ville. Vous lui envoyez un message pour lui décrire votre ville et dire les activités que vous aimez faire. (40-50 mots) 有一位法语国家的朋友要来你们国家留学。你负责接待他。他对你的城市一无所知。请给他写一封邮件，描述你的城市并说说你喜欢的活动。（40—50 词）

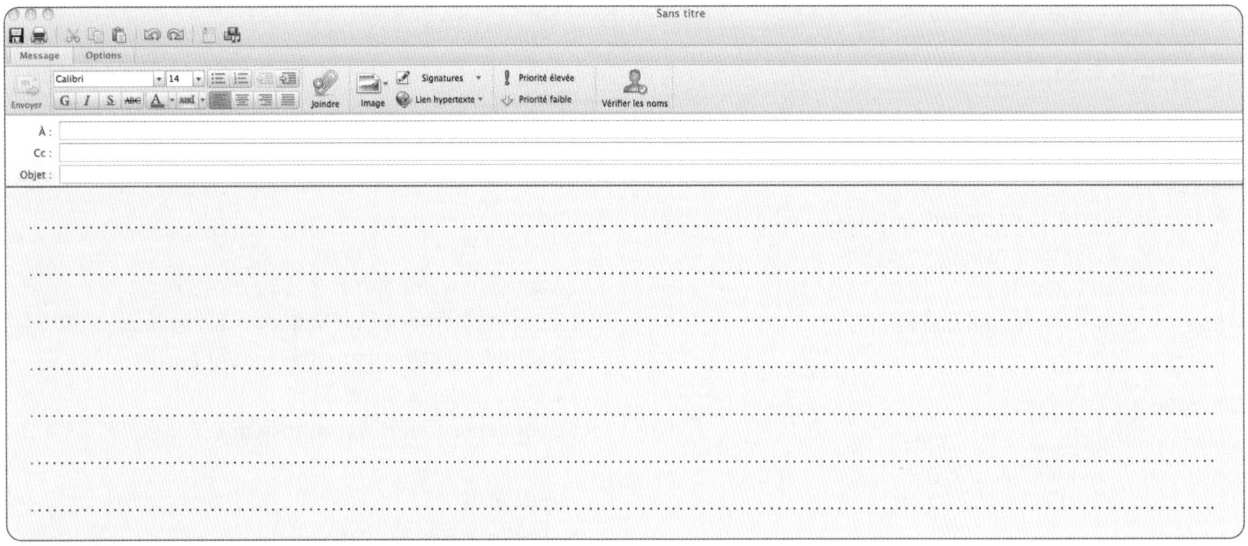

IV. PRODUCTION ORALE 口语表达

25 points

Exercice 1

Posez des questions à un étudiant de votre groupe à partir des mots suivants. 根据下列词汇，向小组中的同学提问题。

NATIONALITÉ | MATIÈRES | CAMPAGNE | SPORT | PETIT DÉJEUNER | ACTEUR | COULEUR | TOURISME | RESTAURANT

Exercice 2

Vous êtes dans une boutique de vêtements en France. Vous dites au vendeur ce que vous recherchez (type de vêtement, taille et couleur). Vous vous informez sur les prix. Vous choisissez et vous payez. 你正在法国的一家服装店中。你告诉售货员想买的衣服（衣服类型、尺寸和颜色），询问价格，最后选择合适的衣服并付款。

Transcriptions

Piste n° 01

Exemple : un cahier ; a un stylo – b une chaise – c un livre – d un ordinateur – e une table

Piste n° 02

a – Coucou !
b – Bonjour, monsieur Dufaur. – Bonjour, monsieur Laribi.
c – Bonsoir ! – Bonsoir !
d – Salut ! – Salut !

Piste n° 04

Dialogue 1

– Monsieur Pierre, lisez les lettres s'il vous plaît.
– Oui, U, V... Z, F et A. Ensuite, il y a W, X, O, I, B.
– Et en bas, s'il vous plaît ?
– Alors, J, E, G, T, R, H... Ah non K, et... Y.
– Merci.

Dialogue 2

– Madame Plot, lisez, s'il vous plaît.
– B, V et R, J, H, I. Ah non... Y, O, I, U, T.
– Et ensuite ?
– Euh... I, I, N... C'est difficile ! Z, C, O, A ?

Dialogue 3

– Célestin, tu lis les lettres s'il te plaît.
– A, I..., M, L, O.
– Et après ?
– S, T, I, B, E.
– Et tout en bas ?
– Oui, G, U, J, E, P, Y, V.

Piste n° 05

Salle 1 : Martin, M.A.R.T.I.N, Lomet, L.O.M.E.T et Goutet, G.O.U.T.E.T. Dans la salle 2 : Moulin, M.O.U.L.I.N, Gulon, G.U.L.O.N et Nivette, N.I.V.E.T.T.E. Salle 3 : Lumète, L.U.M.E accent grave T.E, Toulon, T.O.U.L.O.N et Thromas, T.H.R.O.M.A.S.

Piste n° 06

a L D I N U
b F A C É
c S L A T U
d O J R U

Piste n° 07

Exemple : En français, hôpital, ça s'écrit H, O accent circonflexe, P, I, T, A, L.

a Mon prénom, c'est Étienne : E accent aigu, T, I, E, deux N, E.
b Rugby, c'est un mot d'origine anglaise, ça s'écrit : R, U, G, B, Y.
c Il s'appelle Jacques Mève. J, A, C, Q, U, E, S et le nom de famille M, E accent grave, V, E.
d Ma ville, ça s'écrit Y, deux S, I, N, G, E, A, U, X et ça se prononce : Yssingeaux.
e Elle, c'est EMMA. E, deux M, A.

Piste n° 09

a Salut ! Tu t'appelles Paul ?
b Non. Moi, c'est Laurent.

Piste n° 10

a Toulouse – b Pau – c Orléans – d Biarritz – e Nîmes – f Genève

Piste n° 11

La vendeuse : Monsieur ?
Le client : Bonjour. Une baguette, s'il vous plaît.
La vendeuse : Une baguette, voilà, 1 euro.
Le client : Merci, au revoir.
La vendeuse : Au revoir monsieur.

Piste n° 12

a Bonjour. Bonjour. Bonjour.
b S'il vous plaît, s'il vous plaît, s'il vous plaît.
c Salut ! Salut ! Salut !
d Merci ! Merci ! Merci !

Piste n° 13

Exemple : café, masculin → un café, des cafés

C'est à vous.

a baguette, féminin → une baguette, des baguettes
b accent, masculin → un accent, des accents
c restaurant, masculin → un restaurant, des restaurants
d femme, féminin → une femme, des femmes
e prénom, masculin → un prénom, des prénoms
f table, féminin → une table, des tables
g entrée, féminin → une entrée, des entrées
h ordinateur, masculin → un ordinateur, des ordinateurs

Piste n° 14

a des baguettes – b des étudiants – c des classes – d des stylos – e des chaises – f des fêtes – g des cafés – h des mots

Piste n° 16

Professeur : Bonjour à tous et bienvenue dans la classe. Je m'appelle Philippe Mantin. Je suis votre professeur. Alors. Clémentine. Votre nom, s'il vous plaît ?
Clémentine : Arbot.

Professeur : Comment ça s'écrit ?
Clémentine : A.R.B.O.T
Professeur : Merci. Marek, votre nom ?
Marek : Rezkallah. R.E.Z.K.A.L.L.A.H.
Professeur : Piotr ?
Piotr : Fabianski.
Professeur : Avec un Y ?
Piotr : Non, un i, F.A.B.I.A.N.S.K.I.
Professeur : D'accord. Ensuite... Julia...
Julia : Dupré, D.U.P.R.E accent aigu.
Professeur : Et Adrien...
Adrien : Lormac, L comme Laurent O.R.M.A.C.
Professeur : Merci.

Piste n° 17

Maintenant dictée ! Je prononce des mots et vous écrivez : a tableau – b chaise – c fête – d prénom – e restaurant – f boulangerie – g café

Piste n° 18

Moi, c'est Didier et voici ma famille. Ma femme s'appelle Rosine. Nous avons une fille, Alix. Elle a 36 ans et est mariée avec Célestin. Ils ont deux enfants : Jacques a 8 ans et Eva a 11 ans.

Piste n° 20

a Je m'appelle Yelena. Je suis russe, mais j'habite aux États-Unis.
b Je suis né le 16 avril 1991. Je suis allemand, je viens de Berlin.
c Je m'appelle Robert. Je parle anglais et français.
d Je viens de New York, mais j'habite à Los Angeles. Je suis américain.
e Je m'appelle Caroline. Je suis née le 3 septembre 1985 à Paris.
f Je suis italien, j'habite au Mexique. Je parle 5 langues : italien, espagnol, français, allemand et anglais.

Piste n° 22

– Bonjour, votre nom s'il vous plaît ?
– Nallet.
– Comment ça s'écrit ?
– N comme Noémie, A, deux L, E, T.
– Et votre prénom ?
– Louis.
– Vous avez quel âge ?
– 40 ans.
– Et qu'est-ce que vous faites dans la vie ?
– Je suis architecte à Bordeaux.
– D'accord. Votre numéro de téléphone ?
– 05 45 67 75 89.
– Un portable ?
– Oui, c'est le 06 25 78 17 75.
– Votre adresse email, s'il vous plaît ?
– louisnal@gmail.com. L. O. U. I S. N. A. L

Piste n° 23

Exemple : Un portable / À moi ou à toi ? C'est mon portable ou c'est ton portable ?
C'est à vous.
a Un numéro / À toi ou à elle ? → C'est ton numéro ou c'est son numéro ?
b Une adresse / À vous ou à lui ? → C'est votre adresse ou c'est son adresse ?
c Une sœur / À toi ou à elle ? → C'est ta sœur ou c'est sa sœur ?
d Un fils / À lui ou à toi ? → C'est son fils ou c'est ton fils ?
e Un livre / À moi ou à lui ? → C'est mon livre ou c'est son livre ?

Piste n° 25

Moi je m'appelle Clara et je vous présente ma famille. Mon père s'appelle Hugo et ma mère s'appelle Caroline. Lui, c'est mon frère, Simon. Sa femme s'appelle Nathalie. Ils ont un fils. Il s'appelle Paul. Je suis mariée avec Laurent. Nous avons un fils, il s'appelle Nicolas. Et une fille, elle s'appelle Cathy.

Piste n° 26

Table 1 : Nous prenons deux poulets rôtis, deux crèmes brûlées, un jus de fruit et une carafe d'eau.
Table 2 : Deux steaks, une salade, deux mousses au chocolat et une bouteille de vin, s'il vous plaît.

Piste n° 27

Dessert, mousse au chocolat → Je voudrais un dessert : la mousse au chocolat, s'il vous plaît.
C'est à vous.
a Plat, poulet basquaise → Je voudrais un plat : le poulet basquaise, s'il vous plaît.
b Plat, saumon → Je voudrais un plat : le saumon, s'il vous plaît.
c Menu, menu à 17 euros → Je voudrais un menu : le menu à 17 euros, s'il vous plaît.
d Salade, salade italienne → Je voudrais une salade : la salade italienne, s'il vous plaît.

Piste n° 29

Sur la photo, c'est Tania et moi sur le Pont Neuf à Toulouse. On regarde les bateaux sur la Garonne.

Piste n° 30

a les quais – b les musiques – c les ponts – d les jardins – e les monuments – f les amis.

Piste n° 32

Demain matin, le musée ouvre à neuf heures et demie.

a Ils vont au cinéma à sept heures moins vingt.
b Le matin à huit heures, je fais une promenade sur les quais.
c Nous prenons le bateau pour la Corse à deux heures et quart.
d Vous déjeunez où, à midi ?
e Qu'est-ce que vous faites cet après-midi à trois heures ?
f Rendez-vous devant le restaurant à une heure moins le quart.

Piste n° 33

Dialogue 1

– Allô ?
– Salut Benjamin, c'est Clara ! Dis-moi, ça te dit d'aller visiter un musée samedi après-midi ?
– Non, désolé. Samedi à 15 h, je vais au théâtre de la rue des Écoles, avec Fabien.
– Ok. Et samedi soir ? Tu es libre ?
– Oui. À quelle heure ?
– À 20 h, il y a un bon film : *Le Havre*.
– Super, on se retrouve où ?
– Devant le métro Odéon.
– Ok, à samedi !
– À samedi.

Dialogue 2

– Allô ?
– Salut, c'est Camille. Tu veux faire une promenade dans le jardin des Tuileries ?
– Oui, je veux bien. Quand ?
– Je regarde... Samedi à 10 h ?
– D'accord.
– Et le soir ? Qu'est-ce que tu fais ?
– Le soir... je vais au ciné avec Clara. Tu viens avec nous ?
– Avec vous ? Non désolée, je ne veux pas venir. J'aime le ciné mais je n'aime pas Clara.
– Bon... Ok... Alors... à samedi matin pour la promenade.
– Ok. Bises.

Piste n° 34

Exemple : J'aime les musées. → Je n'aime pas les musées.
C'est à vous.

a Je suis français. → Je ne suis pas français.
b Nous habitons en France. → Nous n'habitons pas en France.
c Elle va au cinéma demain. → Elle ne va pas au cinéma demain.
d Ils font la fête ce soir. → Ils ne font pas la fête ce soir.
e On prend le plat du jour. → On ne prend pas le plat du jour.
f Vous avez rendez-vous à 15 h. → Vous n'avez pas rendez-vous à 15 h.

Piste n° 36

Serveur : Bonjour, qu'est-ce que vous prenez ?
M. Trublion : Nous prenons deux menus entrée-plat.
Serveur : Qu'est-ce que vous prenez comme entrée ?
M. Trublion : Des escargots.
Serveur : Et pour vous madame ?
Mme Trublion : Une salade, s'il vous plaît.
Serveur : Et comme plat ?
Mme Trublion : Un saumon grillé.
Serveur : Désolé, pas de saumon grillé aujourd'hui.
Mme Trublion : Pfff, bon... Un poulet rôti.
Serveur : Un poulet rôti. Et pour monsieur ?
M. Trublion : Un steak frites, bien cuit.

Piste n° 37

M. Trublion : Qu'est-ce qu'on fait maintenant ?
Mme Trublion : Un film, ça te dit ?
M. Trublion : Le cinéma, bof ! On fait une promenade ?
Mme Trublion : Ok, dans le jardin des Tuileries ?
M. Trublion : Ou sur les quais ?
Mme Trublion : Oh non, pas les quais, il fait froid.
M. Trublion : Ok, dans le jardin. Et après ?
Mme Trublion : On va dans un café ?
M. Trublion : D'accord.

Piste n° 38

Dialogue 1

– Bonjour madame, je peux vous aider ?
– Oui, je cherche une veste noire.
– Quelle taille ?
– 40.
– Cette veste vous plaît ?
– Oui, elle coûte combien ?
– 79 €. Vous payez comment ?
– Par chèque.

Dialogue 2
– Bonjour monsieur, je voudrais ce pantalon, taille 38, s'il vous plaît.
– Oui, quelle couleur ?
– Gris.
– Voulez-vous l'essayer ?
– Non. Il coûte combien ?
– 59 €. Vous payez comment ?
– Par carte.

Dialogue 3
– Bonjour madame, vous cherchez ?
– Un pantalon noir.
– Quelle est votre taille ?
– 36.
– Voilà.
– Combien il coûte ?
– 69 €.
– Je le prends.
– Vous payez par carte ?
– Non, en liquide.

Piste n° 39
a J'ai une veste bleue. → Une veste bleue !
b J'ai deux vestes bleues. → Deux vestes bleues !
c J'ai vingt-deux robes. → Vingt-deux robes !
d J'ai vingt-deux robes bleues. → Vingt-deux robes bleues !
e J'ai deux cravates roses. → Deux cravates roses !
f J'ai deux tee-shirts roses et bleus. → Deux tee-shirts roses et bleus !

Piste n° 40
Pour préparer un poulet à la provençale : d'abord, faites dorer le poulet dans une cocotte avec de l'huile. Ajoutez les oignons, un peu d'ail et des courgettes coupées en morceaux. Salez et poivrez. Versez la sauce tomate et le vin blanc. Laissez cuire une heure et servez chaud.

Piste n° 41
l'oignon → un peu d'oignon
a l'ail → un peu d'ail
b le sel → un peu de sel
c l'eau → un peu d'eau
d le poivre → un peu de poivre
e l'huile → un peu d'huile

Piste n° 42
Vendeur : C'est à qui ?
Cliente : C'est à moi. Je voudrais des pommes de terre, s'il vous plaît.
Vendeur : Combien ?
Cliente : 1 kilo.
Vendeur : Et avec ça ?
Cliente : 500 grammes de carottes.
Vendeur : C'est tout ?
Cliente : Non, je voudrais des fruits.
Vendeur : Quels fruits ?
Cliente : 1 kilo d'oranges et des fraises.
Vendeur : Ah ! Pas de fraises, ce n'est pas la saison.
Cliente : Bon ben 500 grammes de raisin. Je vous dois combien ?
Vendeur : 19 euros et trente centimes.
Cliente : Au revoir.
Vendeur : Au revoir. C'est à qui ?

Piste n° 43
Exemple : Tu veux des courgettes ? → Oui, des courgettes, deux.
a Tu veux des pommes ? → Oui, des pommes, deux.
b Tu veux des fraises ? → Oui, des fraises, deux.
c Tu veux des tomates ? → Oui, des tomates, deux.
d Tu veux des carottes ? → Oui, des carottes, deux.
e Tu veux des oranges ? → Oui, des oranges, deux.
f Tu veux des pommes de terre ? → Oui, des pommes de terre, deux.

Piste n° 44
Dialogue 1
Vendeur : C'est à qui ?
Cliente : C'est à moi. Je voudrais 1 kilo de tomates s'il vous plaît.
Vendeur : Avec ça ?
Cliente : Des pommes.
Vendeur : Combien ?
Cliente : 1 kilo.
Vendeur : C'est tout ?
Cliente : Non, je voudrais des fraises, c'est pour une tarte.
Vendeur : Et avec ça.
Cliente : C'est tout. Je vous dois combien ?
Vendeur : 13 euros 50.

Dialogue 2
Vendeur : Bonjour madame, c'est à vous ?
Cliente : Oui ! Je voudrais 1 kilo de tomates s'il vous plaît.
Vendeur : Avec ça ?
Cliente : Des pommes de terre.
Vendeur : Combien ?
Cliente : 2 kilos.
Vendeur : C'est tout ?

Cliente : Non, je voudrais des fraises, c'est pour une tarte.
Vendeur : Et avec ça.
Cliente : C'est tout. Je vous dois combien ?
Vendeur : 13 euros 50.
Cliente : Au revoir.
Vendeur : Au revoir.
Cliente : Bon, à la poissonnerie maintenant.

Piste n° 45

- Alors, les moules frites, c'est facile. Pour 4 personnes, achète 3 kilos de moules, 3 oignons et un verre de vin blanc. Achète aussi deux gousses d'ail. Pour préparer, tu mets les moules dans une grande casserole et tu coupes les oignons. Ajoute les oignons coupés. Tu fais cuire puis tu ajoutes un verre de vin blanc. Tu laisses cuire encore 10 minutes puis tu sers chaud avec des frites.
- Ok, merci beaucoup.

Piste n° 46

- Allô !
- Salut Théo, c'est Nina.
- Salut, ça va ?
- Super. Ce soir, on va voir un film avec Pierre. Ça te dit de venir avec nous ?
- Vous allez voir quel film ?
- *The Artist*.
- C'est un film américain ?
- Non, c'est un film français en noir et blanc.
- Je préfère les films en couleurs.
- En plus, les acteurs ne parlent pas dans ce film.
- Quoi ! C'est un vieux film ? Je n'aime pas les vieux films, c'est ennuyeux.
- Non, c'est un nouveau film. Et c'est une comédie. Tu n'aimes pas les films drôles ?
- Si mais je préfère les films d'action. Je ne vais pas venir avec vous.
- Ok. Une autre fois !
- Oui, une autre fois. Salut.
- Salut.

Piste n° 47

Exemple : J'm'appelle Hugo.

a J'préfère les films.
b J'vais faire les courses.
c J'suis français.
d J'me promène.
e J'sais pas.

Piste n° 48

Dialogue 1

- Madame, décrivez l'homme s'il vous plaît.
- Oui. C'est un grand jeune homme. Il a les cheveux bruns et les yeux bleus et il est un peu rond.
- D'accord.

Dialogue 2

- Bonsoir madame, je suis chauffeur de l'hôtel de Bretagne. Je suis à l'aéroport. Où êtes-vous ?
- Je suis devant le hall d'arrivée : je suis mince et brune. Ma valise est rouge. Vous me voyez ?
- Ah oui, je vous vois.

Dialogue 3

- Il est comment ton nouveau copain ?
- Il est grand, brun et très élégant et il a de très beaux yeux bleus.
- Waah, quel bel homme !

Piste n° 49

Exemple : Il est intelligent ? / stupide → Non, il n'est pas intelligent. Il est stupide.

a Elle est jeune ? / âgée → Non, elle n'est pas jeune. Elle est âgée.
b Elles sont joyeuses ? / tristes → Non, elles ne sont pas joyeuses. Elles sont tristes.
c Il est petit ? / grand → Non, il n'est pas petit. Il est grand.
d Il est blond ? / brun → Non, il n'est pas blond. Il est brun.

Piste n° 50

Dominique est une femme âgée. Elle est grande et mince. Elle est belle et élégante. Elle a les cheveux gris.

Piste n° 51

a Je cherche une robe rouge.
b J'ai acheté du saumon.
c Je vais appeler un taxi.
d J'ai habité à Paris.
e Je vais commander les desserts.
f Je prépare un poulet à la provençale.

Piste n° 52

Exemple : Aujourd'hui, je mange au restaurant. → Hier aussi, j'ai mangé au restaurant.

a Aujourd'hui, il sort avec ses amis. → Hier aussi, il est sorti avec ses amis.
b Aujourd'hui, elles vont au cinéma. → Hier aussi, elles sont allées au cinéma.
c Aujourd'hui, ils viennent chez moi. → Hier aussi, ils sont venus chez moi.

d Aujourd'hui, nous rentrons tard. → Hier aussi, nous sommes rentrés tard.
e Aujourd'hui, tu prends le métro. → Hier aussi, tu as pris le métro.
f Aujourd'hui, vous faites du sport. → Hier aussi, vous avez fait du sport.

Piste n° 53

Anouk a rencontré Arthur à la fin de ses études. Il n'a pas voulu partir avec elle en Afrique. Aujourd'hui, elle est revenue à Toulouse. Elle a rendez-vous avec Arthur. Elle a choisi une jolie robe et elle a pris le bus.

Piste n° 54

Cloé : Comment s'appelle l'actrice du film ?
Greg : C'est Elsa Moro. Elle a aussi joué dans des comédies. Tu la connais ?
Cloé : Non. Elle est comment ?
Greg : Elle a une quarantaine d'années. Elle est petite, un peu ronde et a les cheveux châtains. C'est une très bonne actrice.
Cloé : Ah oui, je vois.
Greg : Vite, il est 19 h 50. Le film va commencer !

Piste n° 55

Greg : Alors, tu as aimé le film ?
Cloé : Oui, c'est un très bon film. J'ai adoré. La musique est belle et les acteurs sont fantastiques ! Et toi, tu as aimé ?
Greg : C'est... pas mal. Les images de l'Italie sont belles mais les dialogues sont ennuyeux.
Cloé : Non, les dialogues sont intéressants et beaux.
Greg : La semaine prochaine, on va regarder un film d'action américain en DVD, d'accord ?
Cloé : Ah non, je n'aime pas ce type de films ! On va aller à un concert.

Piste n° 56

Fred : Salut Camille !
Camille : Bonjour Fred.
Fred : Alors, tu as réussi tes examens ?
Camille : J'ai réussi trois matières sur quatre.
Fred : C'est bien !
Camille : Mouais ! Je dois repasser une matière en septembre.
Fred : Ah ! Tu vas réviser pendant les vacances.
Camille : Eh oui ! Et toi ?
Fred : Ben moi, j'ai raté quatre matières sur quatre !
Camille : Oh la la ! Mais tu n'as pas travaillé cette année ?
Fred : Non et je n'ai pas suivi beaucoup de cours. Je n'aime pas étudier, je vais arrêter la fac.
Camille : Ah bon ! Mais qu'est-ce que tu vas faire ?
Fred : Je vais voyager !
Camille : Voyager ?
Fred : Oui, pendant un an ! En Amérique du Sud.
Camille : C'est super !!!

Piste n° 57

Exemple : Ils sont trente ou quinze ? → Pas trente, quinze !
a Ils sont trente ou quinze ? → Pas trente, quinze !
b Ils sont quarante ou vingt ? → Pas quarante, vingt !
c Ils sont soixante ou quatre-vingts ? → Pas soixante, quatre-vingts !
d Ils sont cent ou un ? → Pas cent, un !
e Ils sont soixante-dix ou quatre-vingt-dix ? → Pas soixante-dix, quatre-vingt-dix !
f Ils sont cinquante ou cinquante et un ? → Pas cinquante, cinquante et un !

Piste n° 58

Exemple : J'allais à la piscine le mercredi.
a Nous partions en vacances en avril et en juillet.
b Le samedi, vous dîniez au restaurant.
c Nous allions au cinéma le lundi et le jeudi.
d En décembre, on allait à la montagne.

Piste n° 59

Quand j'étais petit, nous partions en vacances à la montagne. Le matin, nous nous promenions. Le soir, nous dînions au restaurant. C'était en mille neuf cent quatre-vingt. J'avais cinq ans...

Piste n° 60

Exemple : Il faut dire bonjour.
a Tu peux venir chez moi ?
b Il faut apprendre l'espagnol et le français.
c Vous avez besoin d'un nouveau sac.
d Vous devez porter une chemise blanche.
e Il ne faut pas commander ce plat.
f Il est en train de compléter le formulaire.

Piste n° 61

Exemple : Vous notez la date ? → Oui, je la note.
a Vous comprenez l'exercice ? → Oui, je le comprends.
b Vous envoyez cette lettre ? → Oui, je l'envoie.
c Vous écoutez le dialogue ? → Oui, je l'écoute.
d Vous faites l'inscription ? → Oui, je la fais.
e Vous aimez les cours ? → Oui, je les aime.

Piste n° 63

Journaliste : Bienvenue sur Fac FM, la radio de votre université. Aujourd'hui, nous recevons Andréa. Elle fait partie du programme Erasmus. Bonjour Andréa.

Andréa : Bonjour.

Journaliste : Andréa, pouvez-vous vous présenter ?

Andréa : Oui, bien sûr. Je m'appelle Andréa, j'ai 23 ans. Je suis espagnole, je viens de Barcelone et j'étudie la sociologie.

Journaliste : Andréa, quand êtes-vous arrivée à Nantes ?

Andréa : Je suis arrivée à Nantes il y a un mois.

Journaliste : Et vous allez rester combien de temps ?

Andréa : Je vais rester pendant un an.

Journaliste : Quelles sont vos premières impressions ?

Andréa : Nantes est une très belle ville. Il y a beaucoup de jeunes. C'est très sympa. Mais il fait froid.

Journaliste : Pourquoi êtes-vous venue à Nantes ?

Andréa : Parce que je veux étudier la sociologie bien sûr. Et puis je voulais voyager, visiter la France.

Journaliste : Pourquoi vous n'êtes pas allée à Paris ?

Andréa : À Paris, la vie est trop chère ! Et la mer est trop loin !

Journaliste : Merci Andréa !

Piste n° 64

Bonsoir ! C'est Julie. Pour notre fête samedi soir, je vais préparer une salade en entrée et je vais faire une tarte aux pommes en dessert. Est-ce que tu peux apporter une baguette s'il te plaît ? Simon apporte le plat principal et les boissons. Appelle-moi au 06 33 54 26 28 quand tu es disponible, s'il te plaît, je dois te donner mon adresse pour venir chez moi.

Piste n° 65

Dialogue 1

La vendeuse : Bonjour monsieur. Je peux vous aider ?

Le client : Oui, je cherche une veste noire taille 50.

La vendeuse : Voilà, vous voulez l'essayer ?

Le client : Oui, merci.

Dialogue 2

Le vendeur : Bonjour madame, que désirez-vous ?

La cliente : Je voudrais un kilo de tomates, deux kilos de pommes de terre et un kilo d'oignons, s'il vous plaît.

Le vendeur : Et voilà ! 6,50 €, s'il vous plaît.

Dialogue 3

– Ce plat est délicieux !

– Oui, on mange vraiment bien dans ce restaurant !

– Qu'est-ce que tu vas prendre comme dessert ?

– Je ne sais pas...

Dialogue 4

L'étudiante : Salut ! Alors, tu as vu les résultats ?

L'étudiant : Oui, j'ai raté mon semestre.

L'étudiante : C'est pas vrai ! Mais tu peux repasser tes examens en juillet ?

L'étudiant : Oui, mais il faut que je révise maintenant !

Dialogue 5

L'étudiant : Tu connais la fille là-bas ?

L'étudiante : La blonde en rouge ?

L'étudiant : Non, la brune aux yeux bleus.

L'étudiante : Oui, c'est Lisa, elle est italienne.

Dossier 0

1 a un stylo – b une chaise – c un livre – d un ordinateur – e une table
2 a dessin 2 – b dessin 3 – c dessin 1 – d dessin 4 – e dessin 2
3 18 : dix-huit – 21 : vingt et un – 23 : vingt-trois – 24 : vingt-quatre – 28 : vingt-huit – 61 : soixante et un – 63 : soixante-trois – 64 : soixante-quatre – 68 : soixante-huit – 71 : soixante et onze – 78 : soixante-dix-huit – 80 : quatre-vingts – 81 : quatre-vingt-un – 83 : quatre-vingt-trois – 88 : quatre-vingt-huit – 90 : quatre-vingt-dix – 91 : quatre-vingt-onze – 98 : quatre-vingt-dix-huit
4 a 14 quatorze – b 4 quatre – c 19 dix-neuf – d 16 seize – e 11 onze – f 21 vingt et un
5 b septembre – c février – d janvier – e décembre – f juin – g mai – h août – i juillet – j octobre – k novembre – l mars
6 a jeudi – b mardi – c dimanche – d mercredi – e vendredi – f samedi
7 *De gauche à droite :* mardi, mercredi, jeudi, vendredi, samedi, dimanche – les jours du week-end : samedi et dimanche
8 a le printemps – b l'été – c l'automne – d l'hiver
9 a le printemps – b l'été – c l'automne – d l'hiver
10 a Chine – b J.K. Rowling – c Mickael Jackson
11 a continents – b chaîne de télévision / pays – c écrivains – d francophones

Dossier 1

Leçon 1

1 Photo 1 : dialogue a – Photo 2 : dialogue c – Photo 3 : dialogue d – Photo 4 : dialogue b
2 Présentation : a – c – d – f ; Salutation : b – e
3 a Je m'appelle Adrien. – b Moi, c'est Anna. – c Il s'appelle Philippe. – d Nous nous appelons Kamel et Antoine. – e Moi, je m'appelle Claire. – f Elle s'appelle Stéphanie.
4 Dessin a : Salut / Bonsoir / Coucou - Dessin b : Salut / Bonjour / Coucou
5 Présentation incorrecte : a / b – Présentation correcte : c
6 a je m'appelle / je m'appelle – b Vous vous appelez / je m'appelle – c ils s'appellent / elle s'appelle / il s'appelle – d Elles s'appellent / elles s'appellent – e Nous nous appelons / je m'appelle – f tu t'appelles / Je m'appelle
7 [apɛl] : a / b / c / f – [aplɔ̃] : d – [aple] : e
8 a le prénom – b la tablette – c l'affiche – d les saisons – e la classe – f les nombres – g l'ordinateur – h la chaise – i le livre – j la fête – k le tableau – l les jours
9 *Exemple de réponse possible :* Salut ! Je m'appelle Pedro Alvez.
12 Elle s'appelle Marion Dufour. Elle s'appelle Christiane Maurier. Elle s'appelle Jacqueline Leclerc. Ils s'appellent Camille et Laurent Fantoni. Il s'appelle Alexandre Petit. Il s'appelle Osman Atalay.

Leçon 2

1 1 U / V / Z / F / A / W / X / O / I / B / J / E / G / T / R / K / Y
2 B / R / Y / O / I / T / N / Z / C
3 A / I / M / L / O / S / T / I / B / G / J / E / P / Y
2 a 1 – b 3 – c 2
3 Salle 1 : Goutet, Lomet, Martin – Salle 2 : Gulon, Moulin, Nivette – Salle 3 : Lumète, Thromas, Toulon
4 hôpital – boulangerie – pharmacie – restaurant
5 a : w – b : k – c : q – d : n
6 a On entend : L D I N U / Mot : lundi – b On entend : F A C É / Mot : café – c On entend : S L A T U / Mot : salut – d On entend : O J R U / Mot : jour
7 è – ô – î – û – é – à – â – ù – ê
8 è : bibliothèque – ô : hôpital – î : s'il vous plaît – û : août – é : prénom – à : à – â : tâche – ù : où – ê : êtes
9 a – Bonjour, je m'appelle Irina. – Moi, je m'appelle Pedro. – Enchantée !
b – Bonjour à tous ! Comment vous vous appelez ? – Je m'appelle Juliette. – Moi, c'est Rémy.
c – Elle s'appelle Fatima ? – Non, elle s'appelle Farida.
10 Masculin : bus, aéroport, magasin – Féminin : sortie, librairie, pâtisserie, place, rue – *Exemples de mots possibles :* masculin : jour, prénom, nom ; féminin : boulangerie, France, pharmacie.
11 a Colonne 1 : baguette, chaise, ordinateur, stylo – Colonne 2 : baguettes, chaises, ordinateurs, stylos
12 Mots masculins : ordinateur, stylo – Mots féminins : baguette, chaise,
13 a Étienne – b Rugby – c Jacques Mève – d Yssingeaux – e Emma
15 – Salut ! Tu t'appelles Paul ? – Non. Moi, c'est Laurent.
16 a Toulouse – b Pau – c Orléans – d Biarritz – e Nîmes – f Genève

Leçon 3

1 a Dans une boulangerie. – b Une baguette. – c Bonjour. – d Au revoir monsieur.
2 a – Bonjour madame. – Bonjour monsieur. Un café, s'il vous plaît. – Et voilà, un café. – Merci.
b – Salut Aline ! Comment ça va ? – Ça va.
c – Au revoir Clément. – Au revoir/Bonne journée Pierre. À bientôt.
d – Bonjour madame. – Bonjour, une baguette, s'il vous plaît. – Voilà, 1 euro. – Merci.
3 a bonsoir – b s'il vous plaît – c au revoir – d à bientôt – e ça va – f bonne journée
5 1 : dialogue a – 2 : dialogue e – 3 : dialogue b – 4 : dialogue d
6 a : 2, 3, 7 – b : 2, 4, 5 – c : 6 – d : 1
7 *Voir transcriptions p. 102 Piste n° 13.*
8 J'entends une consonne finale prononcée : a, c, e, f – J'entends une voyelle finale prononcée : b, d, g, h
9 a des baguettes – c des classes – e des chaises – f des fêtes
10 Il n'y a pas de mots de politesse.
11 a Client : Bonjour. Un café, s'il vous plaît. Serveur : Voilà. Client : Merci ! b Client : Au revoir monsieur. Serveur : Au revoir. Bonne journée.
12 – Bonjour madame, une baguette, s'il vous plaît. – Voilà. – Merci. Bonne journée. – Au revoir monsieur. À bientôt.

Bilan

1 *Exemples des réponses possibles :* Salut, moi c'est Clémentine. Bonjour, moi, je m'appelle Marek. Salut, je m'appelle Piotr. Bonjour, moi, c'est Julia. Salut, moi, je m'appelle Adrien.
2 Le professeur : saluer / dire le prénom / dire le nom – Les étudiants : dire le nom / épeler

3 Clémentine Arbot – Marek Rezkallah – Piotr Fabianski – Julia Dupré – Adrien Lormac
4 a un tableau – b une chaise – c une fête – d un bureau – e un prénom – f un restaurant – g une boulangerie – h un café
5 b Bonjour, un sandwich, s'il vous plaît. – c Merci et bonne journée. – d 4 euros, s'il vous plaît.
6 1 : b – 2 : d – 3 : c – 4 : a
7 Dessin a – Coucou Clémentine ! – Salut Marek, ça va ? – Ça va.
Dessin b – Bonjour Monsieur Mantin. – Bonjour Marek, comment allez-vous ? – Bien, merci.
8 des livres, un cahier, des stylos, un téléphone

Dossier 2

Leçon 5

1 Photo 2
2 a Marc est professeur de français à Paris. Il est marié avec Marie et ils ont deux filles. Elles s'appellent Gabrielle et Simona. Gabrielle a six ans et sa sœur a huit ans. – b Elle, c'est la femme d'Antoine. Elle s'appelle Edwige et elle est architecte. Ils ont deux enfants, Martine et Gabriel. – c Je m'appelle Lou et j'ai un frère. Il s'appelle Charlie et il a quatre ans. – d Je suis journaliste et je suis mariée avec Frédéric. Lui, il est ingénieur. Nous avons deux fils et une fille.
3 a le mari – b la mère – c les enfants – d le frère – e le père – f la fille – g le fils – h la femme
4 a journaliste – b secrétaire – c professeur – d photographe – e docteur – f architecte – g ingénieur
5 être : je suis – tu es – il/elle est – nous sommes – vous êtes – ils/elles sont
avoir : j'ai – tu as – il/elle a – nous avons – vous avez – ils / elles ont
6 a sont / ont / a / a – b est / est / a – c est / est – d est / a / est / ont
7 a elle – b Lui / elle – c Eux / Elles – d Vous / nous – e toi / Moi
8 *Exemple de réponse possible :* Le père de Stéphane s'appelle Louis, il a 58 ans et il est architecte. La mère de Stéphane s'appelle Marie. Elle a 56 ans et elle est ingénieure. Stéphane a un frère, Guillaume, et une sœur, Rosalie. Guillaume a 25 ans et il est étudiant. Rosalie a 28 ans et elle est professeure. Elle est mariée avec Pierre. Pierre est photographe. Ils ont un enfant. Il s'appelle Gaston et il a 2 ans.

Leçon 6

1 a prénom, nationalité, lieu d'habitation – b nationalité, lieu d'origine, date de naissance – c prénom, langues parlées – d nationalité, lieu d'origine, lieu d'habitation – e prénom, lieu d'origine, date de naissance – f nationalité, lieu d'habitation, langues parlées
2 a 3 Je m'appelle Sandra. b 4 Je suis née le 12 janvier 1987. c 5 Je suis espagnole. d 6 J'habite au Mexique. e 2 Je viens de Madrid. f 1 Je parle espagnol.
3 Je suis née le 2 novembre 1989 à Rome. Je suis célibataire. Je suis journaliste et j'habite à Paris. Je parle trois langues.
4 a Elle est allemande. – b Il est espagnol. – c Elle est italienne. – d Il est japonais. – e Elle est française.
5

A	M	E	R	I	C	A	I	N			
L							T		J		
L							A		A		
E	S	P	A	G	N	O	L		P		
M		H					I		O		
A		I					E		N		
N		L		F	R	A	N	Ç	A	I	S
D		I					N		I		
		P					E		S		
		P							E		
C	H	I	N	O	I	S	E				
		N									

6 Pays féminins : l'Italie, la France, l'Espagne, l'Allemagne, la Chine – Pays masculins : l'Irak, le Japon, le Mexique, le Brésil, l'Iran – Pays pluriels : les États-Unis, les Philippines
7 a de – b d' – c à – d de – e à – f de
8 a Il/Elle habite aux Philippines / au Brésil / en Italie / au Japon / en France / aux États-Unis / en Allemagne / au Mexique / en Iran.
9 a parles / parle – b appelez / appelle – c habitez / habitons – d parle / parle
10 a Je m'appelle Jean-Marc Boissier. Je suis né le 19 juin 1972. Je suis français et je suis journaliste. J'habite en France. Je parle français et anglais. – b Nous nous appelons Pedro et Irma Aruzza. Nous sommes nés le 4 juin 1975 et le 18 décembre 1963. Nous sommes mexicains et nous sommes acteurs. Nous habitons au Mexique. Nous parlons espagnol. – c Je m'appelle Valeria Cavalli. Je suis née le 30 mars 1985. Je suis italienne et je suis ingénieure. J'habite aux États-Unis. Je parle italien et anglais.

Leçon 7

1 Nom : Nallet – Prénom : Louis – Âge : 40 ans – Profession : architecte – Fixe : 05 45 67 75 89 – Portable : 06 25 78 17 75 – Email : louisnal@gmail.com
2 Serge : b, d – Pietro : b, c, e – Luc : a, b, c, d
3 01 : Paris (rose) – 02 : Nantes et Nord-Ouest (bleu) – 03 : Strasbourg et Nord-Est (jaune) – 04 : Marseille et Sud-Est (vert) – 05 : Bordeaux et Sud-Ouest (orange)
4 M. Denin et Liteu ont un téléphone portable.
5 a quittez – b appelle / m'appelle – c faites / travaille / suis – d as
6 une adresse email : a – un fixe : c – un portable : b – une arobase : d
7 a ma – b mon / mon – c Votre – d sa – e mon / ton
8 a Oui, c'est son numéro. – b Oui, c'est mon / notre cahier. – c Oui, c'est ma / notre chaise. – d Oui, c'est ton / votre téléphone. – e Oui, c'est sa photo.
9 *Voir transcriptions p. 103 Piste n° 23.*
10 a Comment vous appelez-vous ? – b Comment s'écrit votre prénom ? – c Qu'est-ce que vous faites dans la vie ? – d Vous avez une adresse électronique ? – e Quel est votre numéro de téléphone ?
11 Salut Antoine, Merci pour ton message. Voici mon numéro : 06 15 45 67 21 et mon adresse : 65 bd Brune à Paris. Bises à ta femme et à ton fils ! À demain, Lise
12 *Exemple de réponse possible :* Bonjour, Merci pour votre message. Comment vous vous appelez ?
Mon fils s'appelle Pierre et il a 14 ans. Quelle est l'adresse de votre école ? Bonne journée.

Bilan

1 Le père : Hugo – La mère : Caroline – Le frère : Simon – La femme de Simon : Nathalie – Le fils de Simon et Nathalie : Paul – Le mari de Clara : Laurent – Le fils de Clara et Laurent : Nicolas – La fille de Clara et Laurent : Cathy
2 Elle s'appelle Clara. Elle est née le 15 février 1974. Elle est belge. Elle est professeure de mathématiques. Elle est mariée et elle a deux enfants. Elle habite à Bruxelles, en Belgique. Elle parle français et espagnol. – Il s'appelle Simon. Il est né le 30 avril 1972. Il est belge. Il est ingénieur. Il est marié et il a un enfant. Il habite à Montréal au Canada. Il parle français et anglais.
3 Comment vous vous appelez ? – Vous avez quel âge ? – Qu'est-ce que vous faites dans la vie ? – Quel est votre courriel/email ?
4 ma famille – ma sœur Cathy – mon père Laurent – ma mère Clara
5 a Sliman est algérien et il parle arabe. – b Kimiko est japonaise et elle parle japonais. – c Franz est allemand et il parle allemand.

Faits et gestes / Culture

Dossiers 1 et 2

1 Photos b et d
2 a Coucou ! – b Moi, je m'appelle Hugo. – c Moi, c'est Juliette. – d Bonjour enchantée.
3 Photo 1 : b et c – Photo 2 : a et d
4 a Marseille – b Liberté Égalité Fraternité – c La Marseillaise
5

6 293 234

Dossier 3

Leçon 9

1 Entrées : Salade italienne / Salade au poulet / Escargots – Plats : Steak Chez Philippe / Saumon grillé / Poulet rôti – Desserts : Tarte aux pommes / Salade de fruits / Mousse au chocolat
2 1 c – 2 i – 3 b – 4 j – 5 f – 6 g – 7 a – 8 d – 9 e – 10 h
3 Table 1 : dessins b et d / Table 2 : dessins a et c
4

							S		
C	H	O	C	O	L	A	T		
A							E		M
R				S	A	L	A	D	E
A			V				K		N
F	R	U	I	T	S				U
E			N						

5 saumon
6 b une bouteille de vin – c une addition – d une table
7 *Exemples de réponses possibles :* Je prends un plat : le poulet basquaise / le saumon, s'il vous plaît. – Je prends une entrée : la salade italienne, s'il vous plaît. – Nous prenons des boissons : un verre de vin et un jus de fruits.
8 a prenez – b prend – c prennent – d prends – e prenons – f prends / prend
9 *Exemples de réponses possibles :* Je prends une boisson : le vin, s'il vous plaît. – Je prends un poisson : le saumon, s'il vous plaît. – Je prends une viande : le steak, s'il vous plaît. – Nous prenons un dessert : la mousse au chocolat, s'il vous plaît.
10 *Voir transcriptions p. 103 Piste nº 27.*
11 Menu a Entrée : salade italienne – Plat : saumon grillé – Dessert : salade de fruits – Boisson : eau
Menu b Entrée : escargots – Plat : poulet frites – Dessert : mousse au chocolat – Boisson : vin
13 a Est-ce que – b Qu'est-ce que – c Qu'est-ce qu' – d Est-ce que – e Qu'est-ce que – f Est-ce qu'

Leçon 10

1 a On pique-nique dans le jardin des Plantes. – b On écoute de la musique sur les quais de la Garonne. – c On fait une promenade dans les petites rues. – d On retrouve des amis sur la place du Capitole.
3

R	J	A	R	D	I	N
O	L	P	U	K	A	D
V	F	L	E	U	V	E
Q	U	A	I	Q	E	C
T	S	C	P	O	N	T
I	R	E	Z	M	U	A
X	M	U	S	E	E	H

4 *Exemples de réponses possibles :* a Dans le jardin, on retrouve des amis, on pique-nique, on bronze, on fait une promenade... – b Au cinéma, on retrouve des amis, on regarde un film. – c Au musée, on rencontre des amis, on regarde des objets. – d Sur les quais, on retrouve des amis, on pique-nique, on bronze, on danse...
5 un fleuve – des rives – des ponts – l'été – les quais – des amis – la musique – les Toulousains – la fête
6 On écoute de la musique. On bronze dans un jardin. – Ils regardent les bateaux. Ils retrouvent des amis. Ils font une promenade.
7 fais – font – faites – faisons – fait
8 *Exemple de réponse possible :* À Toulouse, il y a des places : la place du Capitole et la place de la Bourse. On retrouve des amis et on fait la fête. Il y a un fleuve, la Garonne et des ponts, le pont Saint-Michel et le Pont Neuf. On regarde les bateaux. Il y a des quais : le quai Lucien Lombard et le quai de Tounis. On bronze. Il y a des jardins : le jardin Royal et le jardin des Plantes. On pique-nique. Il y a des musées : le musée des Augustins et le musée du Vieux Toulouse. On regarde des objets. Il y a des rues : la rue de Metz, la rue des Couteliers et la rue du Languedoc. On fait des promenades.
10 *Voir transcriptions p. 104 Piste nº 30.*

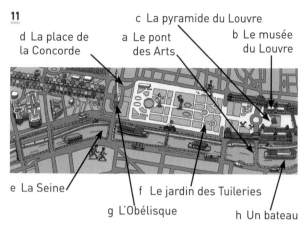

11

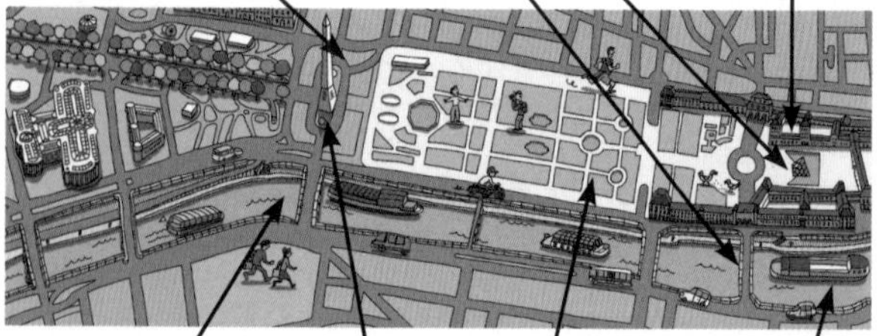

Leçon 11

1 8 h 00 : b – 12 h 00 : d – 12 h 45 : f – 14 h 15 : c – 15 h 00 : e – 18 h 40 : a
2 Samedi : 10 h 00 : Promenade avec Camille, jardin des Tuileries – 15 h 00 : Théâtre avec Fabien, rue des écoles – 20 h 00 : Cinéma avec Clara, RV Métro Odéon
3 le soir : e – l'après-midi : a – la nuit : d – le matin : c – le midi : b
4 *Intrus :* a un musée – b un film – c au cinéma
5 a Il est 9 h 15 (neuf heures et quart). – b Il est 1 h 45 (une heure quarante-cinq/deux heures moins le quart). – c Il est 7 h 30 (sept heures trente/sept heures et demie). – d Il est 11 h 40 (onze heures quarante/midi moins vingt).
6 a Non, nous ne sommes pas espagnols. – b Non, les musées ne sont pas ouverts aujourd'hui. – c Non, nous n'allons pas au théâtre demain. – d Non, on n'est pas vendredi. – e Non, je ne vais pas à l'université.
7 *Voir transcriptions p. 104 Piste n° 34.*
8 a allez – b vont – c venez – d allons – e vais / viens
9 Phrase 1 : question b – Phrase 2 : question e – Phrase 3 : question d – Phrase 4 : c – Phrase 5 : question a
10 aller : je vais – tu vas – il/elle/on va – nous allons – vous allez – ils/elles vont
venir : je viens – tu viens – il/elle/on vient – nous venons – vous venez – ils/elles viennent
11 *Exemples de réponses possibles : Mail 3 :* Salut Pilou, Tu fais quoi samedi soir ? Ça te dit d'aller au restaurant avec moi ? Bises, Judith
Mail 1 : Super ! On se retrouve à 20 h 30 devant le restaurant *Le petit Bangkok*. Au 25 rue de Bourgogne. À demain soir, Judith
12 *Exemple de réponse possible :* Samedi à 12 h 30, je pique-nique avec ma famille au parc Monceau. À 16 h 10, je vais au cinéma Le Méliès. Je retrouve Chloé et Evelyne dimanche à 9 h 30 et on fait une promenade sur les quais de Seine. L'après-midi, on va à Paris-Plages. On va écouter de la musique et bronzer !

Bilan

1 *Exemple de réponse possible :* Ça te dit d'aller au restaurant ce soir ? On se retrouve à 20 h sur le pont des Arts.
2 Bonne idée ! 20 h non, 20 h 30.
3 Ils choisissent le restaurant *La bonne table*.
4 2 menus entrée-plat : Escargots / Salade / Poulet rôti / Steak frites
5 c et a
6 a *Les copains*. – b 77 rue du Poisson. – c À 7 h 30. – d Non, il n'est pas ouvert./Non, il est fermé.
7 *Exemple de dialogue possible :* – Bonjour madame, je vous écoute... – Je prends un verre de vin. – Et pour vous monsieur ? – Je prends un jus de fruits. – D'accord, vous mangez quelque chose ? – Non, merci. – Et vous madame ? – Oui, une mousse au chocolat, s'il vous plaît. – D'accord.

Dossier 4

Leçon 13

1 Dialogue 1 : a veste noire / b 40 / c 79 € / d Chèque – Dialogue 2 : a Pantalon gris / b 38 / c 59 € / d Carte bancaire – Dialogue 3 : a Pantalon noir / b 36 / c 69 € / d Liquide
2 taille – magasin – rayon – carte
3 a par carte – b par chèque – c en liquide
4 a La veste est un peu petite. – b La veste est très petite. – c La veste est trop petite.
6 quelles couleurs – Quelle est votre taille – Quel style – Quels styles – Quelle couleur
7 a cette jupe – b ce pantalon – d Ces chaussures – e Ce style – f ces chaussures – g ce jean / cette cravate
8 a Voulez-vous essayer cette robe ? – b Comment payez-vous ? – c Avez-vous cette cravate en noir ? – d Quel genre de veste voulez-vous ?
9 *Exemples de réponses possibles :* Manon : la robe rouge, les chaussures à talons noires et la veste noire / le jean bleu, le chemisier orange, les chaussures bleues / la jupe verte, la chemise blanche et les chaussures à talons noires. – Olivier : le pantalon noir, la chemise blanche et les chaussures noires / le jean bleu, la chemise jaune et les baskets bleues / le jean bleu, la chemise orange et les chaussures noires.
11 *Voir transcriptions p. 105 Piste n° 39.*

Leçon 14

1 *À entourer sur le dessin :* cuisses de poulet, oignons *(sur l'assiette à droite)*, sel, poivre, vin blanc.
2 Nom du plat : Saumon aux tomates et aux herbes – Temps de préparation : 5 minutes - Temps de cuisson : 20 minutes – Ingrédients : 300 grammes de saumon, etc. – Préparation : – Coupez et faites cuire l'oignon dans une poêle. Etc. – Conseil gourmand : Servez bien chaud avec un bon vin blanc.
3 Photo c
4 *Barrer :* a versez – b servez – c laissez cuire – d faites cuire – e coupez / faites dorer
5 Photo c
6 a éplucher – b couper – c verser – d ajouter – e faire cuire – f servir
7 a 2 kilos de courgettes – b un verre d'eau – c une bouteille de jus de fruits – d 4 Ø oignons – e un peu de poivre – f une cuillère à café d'huile – g 300 grammes de veau – h une gousse d'ail
8 b Poivre les courgettes. – c Épluche les pommes – d Coupe les oignons. – f Salez les tomates. – g Ajoutez la viande. – h Versez l'eau.
9 Je voudrais une bouteille de vin. – Je voudrais 8 tomates. – Je voudrais 350 grammes de viande. – Je voudrais un peu de sel. – Je voudrais une cuillère d'huile. – Je voudrais deux gousses d'ail.
11 Temps de préparation : 10 minutes – Temps de cuisson :

5 minutes – Ingrédients (pour 4 personnes) : 5 œufs, 2 verres de lait, 2 tomates, 3 poivrons, un oignon, une gousse d'ail, du sel et du poivre – Préparation : 1. Coupez les oignons et l'ail. 2. Faites dorer et ajoutez les tomates et les poivrons coupés. 3. Cassez les œufs. Remuez avec le lait, salez et poivrez. 4. Versez dans la poêle. 5. Laissez cuire 5 minutes et servez chaud.
13 *Voir transcriptions p. 105 Piste n° 41.*

Leçon 15

1 500 g de carottes – 1 kg d'oranges – pas de tomates – pas de fraises – 500 g de raisin
2 d – b – e – k – g – h – a – i – c – j – f
3 a BOULANGERIE – b POISSONNERIE – c FROMAGER – d BOUCHERIE – e PRIMEUR
4 *Exemples de réponses possibles :* a une tomate, une cerise, une fraise, du raisin, une pomme – b une salade, des haricots verts, une courgette, une pomme, une poire, un melon (l'extérieur), du raisin – c un potiron, une carotte, une orange, un melon (l'intérieur) – d une poire, une banane, un citron
5 a Il veut – b Tu veux – c Elles veulent – d Nous voulons – e Je veux – f Vous voulez
6 veut – veux – veux [ø]
7 Dialogue a : des poires, de poires, 2 kilos de pommes – Dialogue b : du café, de l'eau, du jus de fruits, du jus d'orange, de jus d'orange
8 c'est à vous – c'est à moi – Voilà – avec ça – C'est tout – Ça fait – Voilà deux euros
12 *Voir les transcriptions p. 105 Piste n° 43.*

Bilan

1 Menu 1
2 Photos b (poissonnerie) et d (primeur)
3 Dialogue 2
5 Ingrédients pour 4 personnes : 3 kilos de moules, 3 oignons, un verre de vin blanc, 2 gousses d'ail. – Préparation : 1. Mettez les moules dans une casserole. Ajoutez les oignons coupés. Laissez cuire. 2. Versez le vin blanc. 3. Laissez cuire encore 10 minutes. 4. Servez chaud avec des frites.
6 a Pauline – b Louis – d Kamel
7 Elle a une robe rose, un sac bleu et des chaussures rouges.

Faits et gestes / Culture

Dossiers 3 et 4

1 1 e cartes – 2 b commander – 3 a menu – 4 steak frites – 5 f tarte aux pommes – 6 g café – 7 c addition – 8 d pourboire
2 *Exemples de réponses possibles :* a Bonjour. – b C'est combien ? – c Je ne sais pas. – d Ça me plaît bien. – e En liquide. – f Merci.
3 a 3 – b 5 – c 1 – d 4 – e 2
4 a affiche 2 – b affiche 1 – c affiche 4 – d affiche 3

Dossier 5

Leçon 17

1 a Commentaire positif – b Commentaire négatif – c Commentaire positif – d Commentaire positif
2 a Faux. – b Une comédie française en noir et blanc. – c Les films en couleurs, les nouveaux films et les films d'action. – d Faux.
3 a en noir et blanc – b voir un film – c les nouveaux films – d bien
4 cinéma – voir – nouveau – français – comédie – séance
5 a 4 On se promène dans un jardin. – b 6 On boit un verre dans un bar. – c 5 On se couche à la maison. – d 2 On voit un film au cinéma. – e 1 On visite un musée. – f 3 On danse dans une discothèque.
6 Le matin : se lever, prendre le petit déjeuner – Le soir : se coucher, boire un verre, aller au cinéma, regarder un film
7 a Non – b Si – c Non – d Si – e Oui – f Oui
8 a ils vont aller – b tu vas boire – c elle va aller – d nous allons regarder – e vous allez faire – f je vais manger
9 Je me lève / Je m'appelle – Tu t'appelles / Tu te promènes – Il/Elle/On se lève / Il/Elle/On s'appelle – Nous nous parlons – Vous vous couchez – Ils/Elles se retrouvent
10 a Vous aimez le cinéma ? – b Vous préférez les comédies ou les films d'action ? – c Vous visitez souvent des musées ? – d Vous n'écoutez pas beaucoup de musique ? – e Vous allez à la discothèque ? – f Vous allez beaucoup au restaurant ?
11 *Exemples de réponses possibles :* a Les vieux films en noir et blanc, c'est ennuyeux/bien. – b/c/d Les drames, c'est triste. Je préfère les comédies et les films d'action. – e Les films français, c'est pas mal mais c'est un peu ennuyeux.
12 *Exemple de réponse possible :* Samedi, avec Julie, on va faire du shopping. Après, on va boire un verre et voir un film. Dimanche, je vais aller chez mes parents. Le soir, je vais aller au restaurant avec des amis.
13 *Voir les transcriptions p. 106 Piste n° 47.*

Leçon 18

1 a faire des photographies – b Antoine et Habib – c Pour répondre à l'annonce, on téléphone à M. Herblin.
2 a Dialogue 3 – b Dialogue 1 – c Dialogue 2
3 Dessin a : entourer le grand homme brun avec un pantalon et une chemise blanche (1er à gauche) – Dessin b : entourer le grand jeune homme, cheveux bruns, yeux bleus, un peu rond (1er à gauche) – Dessin c : entourer une femme mince et brune avec une valise rouge (1re à droite)
4

B	R	A	S	P	W	E	Z
A	J	C	K	I	E	Y	P
C	A	R	T	E	T	E	O
H	M	F	A	D	D	U	I
E	B	E	F	F	V	X	T
V	E	S	M	A	I	N	R
E	R	S	H	G	I	X	I
U	V	E	N	T	R	E	N
X	S	S	I	J	J	W	E

5 a la main – b le bras – c le ventre – d les fesses – e le pied – f les cheveux – g les yeux – h la tête – i la poitrine – j la jambe
6 *Voir les transcriptions p. 106 Piste n° 49.*
7 Ma – Sa – Ses – Notre – Nos – leurs – Leur – tes – Mes
8 une grande maison bleue – b Un bon saumon grillé – c un petit restaurant chinois – d Ces trois jeunes femmes brésiliennes
9 c'est – il est – c'est – elle est – c'est – Il est – c'est – Il est
12 a Moi, je suis belle, mince, intelligente, sympathique,

agréable et modeste.
b Moi, je suis laide, désagréable, lâche et stupide.
13 et **14** *Voir les transcriptions p. 106 Piste n° 50.*

Leçon 19

1 a Situation présente : je cherche – b Situation passée : j'ai acheté – c Situation future : je vais appeler – d Situation passée : j'ai habité – e Situation future : je vais commander – f Situation présente : je prépare

2

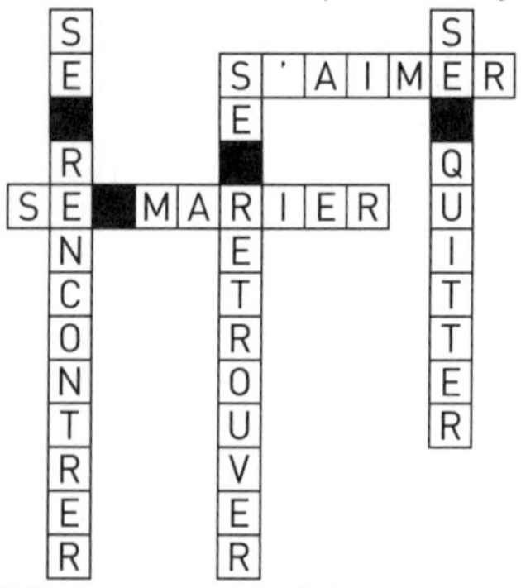

3 ☺ Se rencontrer, s'aimer, se marier, se retrouver – ☹ Se quitter

4 Amina et Philippe se sont rencontrés en 2005 à Paris. – Ils se sont mariés en 2006 puis ils se sont quittés en 2007. Un jour, ils se sont retrouvés dans un restaurant à Toulouse et ils se sont mariés pour la deuxième fois un an après.

5 « é » : été (être), quitté (quitter), habité (habiter), rencontré (rencontrer) – « i » – « is » : pris (prendre), choisi (choisir) – « u » : devenu (devenir), eu (avoir), venu (venir), voulu (vouloir), plu (plaire)

6 a a quitté – b ont loué – c as rencontré – d sont arrivés – e ont eu – f êtes devenue – g suis sorti(e) – h ai pris

7 *Voir les transcriptions p. 106 Piste n° 52.*

8 *Exemple de réponse possible :* Hervé et Lina se sont rencontrés à Paris en 1999 à l'université. Ils se sont aimés, sont allés se promener. En 2004, ils se sont mariés à la mairie. Mais, en 2011, ils se sont quittés et ont déménagé. En 2012, ils se sont retrouvés.

9 *Exemple de réponse possible :* En 2013, ils se sont mariés une deuxième fois.

10 *Exemple de réponse possible :* Hier, d'abord, je suis allé au supermarché et j'ai rencontré l'acteur américain Brad Pitt ! Puis, nous sommes allés au cinéma tous les deux. Enfin, nous avons dîné dans un bon restaurant chinois.

11 *Voir les transcriptions p. 107 Piste n° 53.*

Bilan

1 a une soirée au cinéma – b un drame - c 1. travailler ; 2. boire un verre ; 3. aller au cinéma

2 Image b

3 Greg aime les images de l'Italie ; il n'aime pas les dialogues. Cloé aime la musique, les acteurs, les dialogues.

4 Greg : regarder un film d'action américain – Cloé : aller à un concert

5 *Exemple de réponse possible :* Greg : Moi, mes acteurs préférés sont Jean Dujardin et Omar Sy. Et toi, qui est ton acteur préféré ? Cloé : Mon acteur préféré, c'est Gérard Depardieu. Et ton actrice préférée ? Greg : Mon actrice préférée, c'est Marion Cotillard. Et toi ? Cloé : Mes actrices préférées sont Audrey Tautou et Catherine Deneuve. Et quels sont tes films préférés ? Greg : Mes films préférés sont *Intouchables* et *La môme*. Et toi ? Cloé : Mon film préféré, c'est *Amélie Poulain*.

6 Belle journée : J'ai travaillé et, à 18 h, j'ai retrouvé mon ami Greg. Nous sommes allés dans un bar pour boire un verre. J'ai pris du vin blanc et il a pris une bière. Nous avons discuté. Ensuite, nous sommes allés au cinéma. Nous avons vu *Amours à Florence*. C'est un très bon film.

7 *Exemple de réponse possible :* AMIR : Salut Greg ! Ça va ? GREG : Ça va. AMIR : Qu'est-ce que tu as fait aujourd'hui ? GREG : J'ai travaillé, ensuite je suis allé boire un verre avec Cloé. Après, on est allés au cinéma. AMIR : C'est qui Cloé ? GREG : Une amie. AMIR : Elle est comment ? GREG : Elle est très jolie. Elle est petite et elle a les cheveux bruns. C'est une fille très sympathique. AMIR : Et vous avez vu quel film ? GREG : *Amours à Florence*. AMIR : C'est un bon film ? GREG : C'est pas mal, mais les dialogues sont ennuyeux. AMIR : Et ton amie, Cloé, elle n'a pas aimé ? GREG : Si, elle a adoré ! AMIR : Et Cloé, tu vas la revoir bientôt ? GREG : Oui, on va aller à un concert la semaine prochaine.

Dossier 6

Leçon 21

1 a Vrai – b Faux – c Vrai – d Faux – e Faux – f Faux

2 *Voir schéma ci-dessous.*

4 Rater, suivre, réviser un cours. – Rater, réussir, passer, réviser un examen.

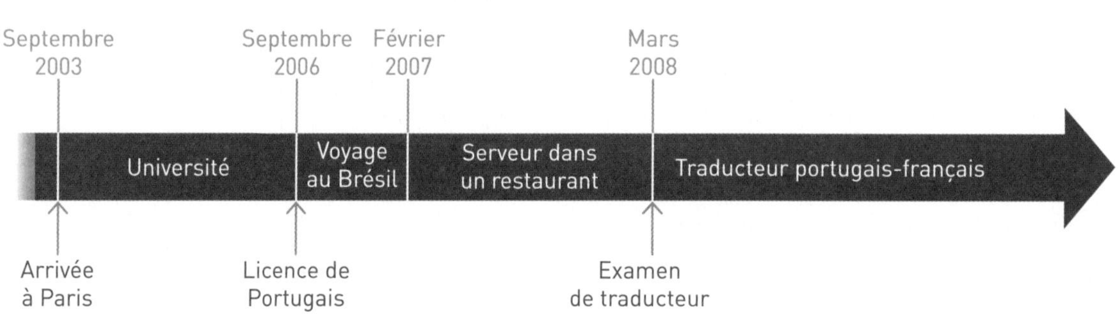

3 *Voir schéma ci-dessous.*

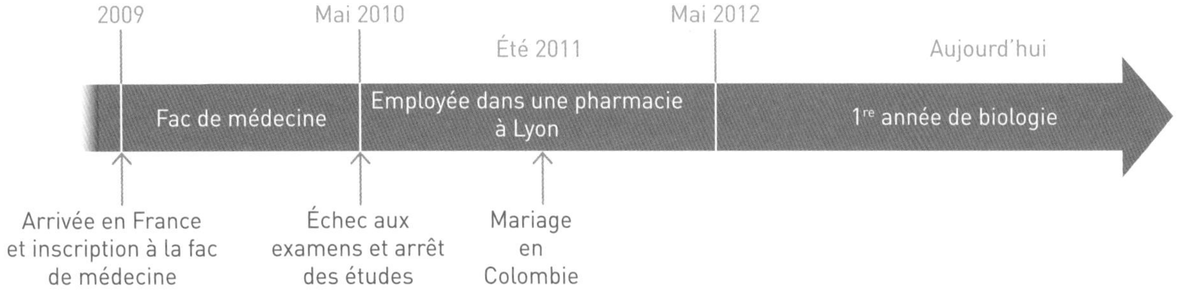

5 a réviser un cours – b suivre un cours – c rater un examen
6 a lycée – b fac – c Licence – d matières – e semestre – f Master
7 a Elles ne se sont pas promenées dans le parc. – b Tu t'es couché après le dîner. – c Pierre et Marie se sont quittés à 22 h. – d Je me suis habillé pour sortir. – e Nous nous sommes retrouvés devant le cinéma. – f Vous ne vous êtes pas levés tôt.
8 je suis allée – j'ai vu – j'ai réussi – Tu as bien travaillé – Tu es sortie – j'ai retrouvé – nous nous sommes – tu as vu – j'ai raté – je ne me suis pas préparé
9 a Non, je ne me suis pas levé à 8 h, je me suis levé à 7 h. – b Non, elle ne s'est pas promenée avec Sylvain, elle s'est promenée avec Romain. – c Non, vous n'avez pas travaillé jeudi, vous avez travaillé mercredi. – d Non, ils ne se sont pas retrouvés au cinéma, ils se sont retrouvés au café. – e Non, nous ne nous sommes pas quittés à 23 h, nous nous sommes quittés à 22 h. – f Non, tu n'es pas allé en cours le matin, tu es allé en cours l'après-midi.
10 *Exemple de réponse possible :* – Emeline, nous avons reçu ton relevé de notes du premier semestre. Les résultats ne sont pas très bons ! – J'ai réussi deux matières ! – Tu n'as pas obtenu une très bonne moyenne. Et tu as raté deux matières ! Je ne suis pas contente. – C'est fou ça ! J'ai réussi deux matières sur quatre ! – Tu n'as pas travaillé ? – Si j'ai travaillé, mais ce sont des matières difficiles. – Tu as suivi les cours ? – J'ai raté un cours.
11 *Exemple de réponse possible :* Chers papa et maman, Voilà, je suis diplômée ! Hier, je me suis levée à 9 heures et j'ai pris un bon et gros petit déjeuner. Ensuite, je suis allée à la fac pour voir les résultats de mon année. J'ai regardé les relevés de notes. Vous savez quoi ? J'ai réussi 4 matières sur 4 ! J'ai téléphoné à mes amis. Nous nous sommes promenés dans la ville et nous avons fêté mon année dans un bar sympa. Nous nous sommes couchés très tard. Bises, Mado
12 *Voir transcriptions p. 107 Piste n° 57.*

Leçon 22

1 Raconte un souvenir : b, e, f – Décrit une situation passée : c, d, g
2 Une fois par semaine : b – Deux fois par semaine : c – Une fois par an : d – Deux fois par an : a
3 Mathieu : a et e – Clara : c et f – Flavia : b et d
4 a la baignade (se baigner) – b la promenade (se promener) – c la marche (marcher) – d la visite (visiter)
5 je – tu – il/elle/on – ils/elles [vulɛ] ; nous [vuljɔ̃] ; vous [vulje]
6 a étais / faisais – b allions / était – c travaillaient / partais – d alliez / étiez – e se promenait / lisait – f prenait – mangeais
7 a Après le dîner, on faisait une promenade dans la ville. – b Après le déjeuner, on marchait dans la montagne. – c Avant la promenade, on faisait une sieste. –
d Après la visite des musées, on faisait du vélo. – e Avant la baignade, on jouait aux raquettes.
8 *Exemple de réponse possible :* Quand j'étais petit, avec mes parents et mes trois sœurs, on partait en vacances à la mer. Nous habitions dans un hôtel près de la mer. Nous nous baignions le matin et faisions la sieste l'après-midi. Le soir, nous écrivions des cartes postales avec des stylos verts. Le mercredi, nous mangions du saumon grillé au restaurant. Ma mère portait une belle robe rouge. Elle était belle !
9 *Exemple de réponse possible :* Quand j'avais 12 ans, j'allais au collège. Je n'étais pas très bonne élève mais j'aimais beaucoup le dessin. Je faisais du sport deux fois par semaine. Ma famille et moi habitions dans une grande maison. Nous avions un chien et deux chats.
10 *Exemple de réponse possible :* Quand j'étais enfant, je déjeunais et après je me douchais et je m'habillais. Ensuite, j'allais à l'école. Le soir, avant le dîner, je faisais mes devoirs. Après le dîner, je me couchais. Je faisais du sport deux fois par semaine. J'allais au cinéma une fois par mois.
11 *Voir les transcriptions p. 107 Piste n° 59.*

Leçon 23

1 Conseil ou instruction : b, d et e
2 a les « s » du pluriel - b le passé composé – c la négation – d l'imparfait – e les pronoms compléments directs
3 – Université de Nantes, bonjour. – Bonjour monsieur. Je voudrais m'inscrire en Licence dans votre université. Qu'est-ce que je dois faire ? – Vous devez d'abord compléter le formulaire d'inscription. – D'accord. Quels documents vous demandez avec ce formulaire ? – Votre diplôme de fin d'études secondaires. – C'est mon diplôme de bac, c'est ça ? – Oui, c'est ça. Et vous envoyez le tout par la Poste. – Très bien. Merci. Au revoir. – Au revoir mademoiselle.

4

B	E	V	R	F	O	K	C	T	U	F
S	L	O	H	O	Y	N	B	L	H	E
I	N	S	C	R	I	P	T	I	O	N
G	N	I	U	M	R	A	X	R	I	V
N	O	G	F	U	J	T	E	E	M	O
A	T	N	A	L	V	W	D	G	S	Y
T	Z	E	R	A	M	B	A	N	U	E
U	I	R	H	I	U	N	O	T	E	R
R	C	T	I	R	L	V	I	G	S	I
E	R	K	R	E	M	P	L	I	R	L
A	H	O	V	Z	T	G	J	F	K	R
C	O	M	P	L	E	T	E	R	Y	N

5 Pour s'inscrire aux activités sportives. – 1 Allez – 2 Lisez – 3 Complétez – 4 Notez – 5 signez-le / envoyez-le
6 Licence : Bac + 3 – Master : Bac + 5 – Doctorat : Bac + 8
7 a devez – b doivent – c dois – d dois – e devons – f doit
8 *Voir les transcriptions p. 107 Piste n° 61.*
9 b Ils sont en train de se baigner. – c Elleest en train de dormir. – d Ils sont en train de se promener. – e Elle est en train de compléter un formulaire. – f Il est en train de téléphoner.
10 *Exemple de réponse possible :* Salut, Tu vas visiter ma ville ! Voici des conseils pour toi. Il faut dîner au restaurant *La petite Auberge*. Tu dois aussi faire une promenade dans le parc du château. C'est très beau. Tu dois aussi aller à l'opéra. Il ne faut pas aller au musée de la ville. Il n'est pas très intéressant et il y a beaucoup de monde maintenant. Bonnes vacances, Serge
11 *Exemples de réponses possibles :* a Je dois remplir un formulaire : j'ai besoin d'un stylo... - b Je dois apprendre le français : j'ai besoin d'un professeur, d'un livre, d'un dictionnaire... – c Je dois préparer le repas : j'ai besoin d'une cuisine, d'une recette, d'une liste d'ingrédients... – d Je dois aller sur Internet : j'ai besoin d'un ordinateur... – e Je dois prendre le métro : j'ai besoin d'un ticket, d'un plan de métro... – f Je dois aller à la plage : j'ai besoin d'un chapeau, d'un vélo...

Bilan

1 a Vrai – b Vrai – c Faux – d Faux – e Faux – f Faux – g Vrai – h Faux
2 *Exemple de réponse possible :* Salut Victor ! Ce matin, je me suis levée tôt, à 7 h. Je suis allée à la fac. J'ai suivi un cours d'histoire de la sociologie. À midi et demie, j'ai retrouvé Anna. Nous avons déjeuné à la cafétéria. L'après-midi, j'avais un cours de philosophie : c'était très intéressant. Après le cours, avec Albert, nous sommes allés au cinéma. Nous avons vu *Intouchables*. C'était super ! Et toi, tu as passé une bonne journée ? Qu'est-ce que tu as fait ? Bisous, Andréa
3 Andréa : Elle étudie la sociologie. Elle est en (4ᵉ année d'université) Master. Elle a réussi 2 matières (histoire de la sociologie et philosophie). – Anna : Elle étudie les Lettres modernes. Elle est en (3ᵉ année d'université) Licence. Elle a réussi 1 matière (histoire littéraire 19ᵉ et 20ᵉ siècle). Elle a raté 1 matière (lexicologie).
4 *Exemple de dialogue possible :* Anna : Alors, tes examens ? Andréa : J'ai réussi ! Les deux matières ! Anna : Tu as eu de bonnes notes ? Andréa : J'ai eu 16,3 en histoire de la sociologie et 11 en philosophie. Anna : C'est bien ! Andréa : Et toi ? Anna : J'ai réussi une matière : histoire littéraire. J'ai eu 13. Mais j'ai raté lexicologie.

Faits et gestes / Culture

Dossiers 5 et 6

1 Photo 1 : c – Photo 2 : a – Photo 3 : c – Photo 4 : c – Photo 5 : a – Photo 6 : b
2 a geste 5 – b geste 4 – c geste 3 – d geste 1 – e geste 2
3 1 CINÉMATOGRAPHE – 2 CINÉ – 3 DRAME – 4 BANDE – 5 ENTRÉES – 6 SYNOPSIS – 7 TECHNIQUE – 8 PERSONNAGE – 9 PLACE – 10 AFFICHE
4 2, 4, 6
5 vrai : a, d, f – faux : b, c, e

DELF A1

Compréhension de l'oral

1 samedi – 2 salade – 3 tarte aux pommes – 4 a – 5 06 33 54 26 28 – 6 son adresse
2 a dialogue 4 – b pas de dialogue – c dialogue 5 – d dialogue 2 – e dialogue 3 – f dialogue 1

Compréhension des écrits

1 b – 2 c – 3 b – 4 aller au restaurant – 5 b